Benedikt Josef Maria von Koller

Herkules travestirt in 6 Büchern von Blumauer

Benedikt Josef Maria von Koller

Herkules travestirt in 6 Büchern von Blumauer

ISBN/EAN: 9783744604956

Hergestellt in Europa, USA, Kanada, Australien, Japan

Cover: Foto ©ninafisch / pixelio.de

Weitere Bücher finden Sie auf **www.hansebooks.com**

Herkules

travestirt
in sechs Büchern
von
Blumauer.

Frankfurt und Leipzig.
1794.

Vorrede.

Fort in die weite Welt, Herkules! Höre die Predigt der tausendstimmigen Kritik du hast deine Keule, sey muthig. Wenn man deinen Sänger herabsetzt, wenn der Muthwille auf seinem Gedichte stampft, und der phlegmatische Kunstrichter mit den Blättern seinen Knaster anzündet, so zittre nicht, du bist Herkules. Sag jedem, dein Gesang sey das erste Stück deines Sängers. Dieser Gedanke muß Vorwitz, und Nachsicht gebäh-
ren;

Vorrede.

ren; man wird von dem Sträuschen nicht erwarten, was man von der Eiche fodert.

Herkules der Erstling meiner Feder? Auf die Nase mit der Brille! Seht den kolossalischen Befehder aller möglichen Ebentheuer mit den Thurmknochen, und Säulennerven, mit der Donnerwetterstimme, und dem Sturmhauche, mit dem Mondscheibenaug, und der Pyramidennase! — Halt! diese Brille zu grob. — Fort in die weite Welt, Herkules! mit der fünf und zwanzig Ellen langen Eichenkeule, lebe wieder auf in dem Guckkasten meiner Phantasie!

Einen riesenartigen Helden wirst du sehen, mein Leser! Bebendes Erstaunen wird deine Haare emporziehen bey manch grausiger Fehde; aber strafe meinen Kiel nicht Lügen, wenn du gelegenheitlich einen Pariser Gecken

im

Vorrede.

im garnirten Strohhut erblickeſt mit abgeſchwundnen Waden, und ausgedorten Marke.

Was kann der Dichter dafür, wenn ſein Held mitten im Adlerfluge ſeines Ruhmes einſchrumpft, wie ein Luftballon, den das Geiſtfeuer verläßt, oder anzündet? — Wenn Herkules, da er eben einem Firſterne nach der Perüque greift, auf einmal — in die Arme einer Omphale zurückſinkt, die boshaft ſchmeichelnd ſeine Ferſe kitzelte? — Wenn die Flamme des Muthes im Rauche der Koquetterie auslicht, wie zugedeckte Zunderlumppen, und das podagreniſche Mark wegfault, wie der Dreyviertelzahn einer achtzigjährigen Kupplerin? — Wenn der, dem nichts widerſtand, zu einem Pfottenlecker der Liebe herabgewürdiget ſich ſelbſt aus einem Helden in einen milchträufenden Süßling traveſtiret? —

Vorrede.

O Weiber! was ist der Männermuth für ein Haselnüssenschaale! Ihr knackt sie mit Küßen auf, fresset den Kern weg, und wenn ihr sie rein ausgeleert habt, dann geht's an's Zetterlachen.

Der Verfasser.

Zueig

Zueignungslied

an

die Noten-Muse.

Sieh doch mit freundlichem Gesicht
    Herab auf meine Werke,
Gieb ihnen Zentner im Gewicht,
    Und im Erschüttern Stärke!
O du der Musen heiligste,
Glorwürdige Notinie,
    Sey gnädig deinem Diener!

Zieh Socken, und Kothurnen an,
    Und blank gewirte Stiefel,
Und Schnüre manchmal Spornen dran,
    Mit scharf gespitzten Griffel
Zu schreiben auf des Dummen Stirn:
Hier giebt man nicht, hier ist das Hirn
    So sparsam, wie bey Schnepfen.

Nimm Schusterahl, und Nadeln her,
    Bewaffne dich mit Stöcken,
Gewissen, Menschgefühl, und Ehr
    Vom Schlafe aufzuwecken.
Her mit der Geisel der Satyr,
Die Thorheit, ist's gleich nur Papier,
    Auf Pranger zu postiren.

Begleite mich nur Schritt für Schritt
  Zu meinem Hochgesange,
Nimm überall das ärgste mit,
  Und steck es auf die Stange,
Und zeig's dem ganzen Publikum,
Und zittre nicht, wenn man darum
  Mit Steinen dich bedrohet.

Sey mir willkommen in dem Land
  Des Reimes, holde Muse!
Von keinem Dichter je genannt.
  Dir weiht mit deutschem Gruße
Der Herkulsänger sein Gedicht,
Gefällt es unsern Lesern nicht,
  Gefällt es doch uns beyden.

Herkules

Erstes Buch.

Antecedentia, concomittantia, et subsequentia, oder Herkules vor, in, und nach der Geburt.

Will von dem starken Herkules
    Ein Helden=Karmen singen,
Und seinen Lauf gelingt mir es,
    In feine Reimlein bringen.
Drum leih' Aeol mir einen Wind,
Den grossen Ritter vorn, und hint
    Par Force auszuposaunen.

Dann will ich singen, was die Kraft
    Allmächtig überwindet
Bis Geist, und Trieb, und Lebenssaft
    Mit Fleisch, und Mark verschwindet,
Wenn, wie von der Tarantel Stich,
Das inficirte Leben sich
    Im Tanz mit Weibern pecpet.

Fürst Jupiter der wackre Mann
　　Beschlief Madam Alkmene,
Zu gleicher Zeit, nach Junos Plan,
　　Empfieng auch zu Mizene
Das Weib des edlen Sthenelus
Den Prinzen Euristheus,
　　Und schwoll in dicker Hoffnung.

Zerrauft, das Angesicht voll Schweiß,
　　Die Knie abgebrochen,
Kam Zevs zurück ins Paradeis,
　　Und litt am Herzenpochen.
Er rief dem Eskulapius,
Und ließ pro inbecillibus
　　Die Waisenkinder bethen.

Drauf legt er sich, so lang er war
　　Auf eine Himmelspflaume;
Alkmene mit dem Rabenhaar
　　War sein Geschäft im Traume.
Er schnarcht, und Gattinn Juno flucht
Mit einem Bauch voll Eifersucht,
　　Und schwört ihm gleiche Hörner.

Durch einen Traum erlaubt sie ihm
　　Die Mystica zu sehen
Wornach die Menschen ungestüm,
　　Und immer fruchtlos spähen.
Sie zeigte ihm das Wunderding,
Das noch ein anders Weib empfieng
　　Zur nämlichen Sekunde.

Und

Und schlafend schwur es der Signor,
    Was die Signora wollte,
Daß jenes Kindlein, das zuvor
    Gebohren werden sollte,
Das andere in Sklaverey
Mit Züchtigung, und Tyranney
    Recht chagriniren müße.

Wer nun zu erst gebohren ward,
    War das Miziner=Frätzchen,
Doch gab's zuvor noch ein Hazard
    Mit Thebeus Kammerkätzchen;
Denn Juno war verzweifelt bös
Auf die Geburt des Herkules,
    Und suchte sie zu hindern.

Da kam sie zu Galanthiden,
    Und fragte sie recht herrisch:
Ist die Entbindung schon geschehn? —
    „Sie fragen doch ganz närrisch!
„O ja, sie ist schon lang vorbey
Man braucht ja doch nach einem Ey
    Nicht Jahre lang zu gackern,

Sankt Juno sah die Lüge ein,
    Mit der man sie behandelt,
Und schnell ward in ein Wieselein
    Galanthide verwandelt,
Woher es dann wohl kommen mag,
Daß noch bis auf dem heut'gen Tag
    Die Kammerjungfern pfeifen.

Der Monate im siebenten
    Gebuhr schon zu Mizene
Die Fürstinn, doch im zehenten
    Erst Jupiters Alkmene. *
Potz schwere Noth! das war ein Schmähn,
Als Zevs sein Kind dem anderen
    Blatt subjugiren mußte.

Da Herkules mit Stiergeplärr
    Aus seiner Mutter stiege,
Die halb verschied, durchdrückte er
    Den Boden seiner Wiege,
Denn als er kaum gebohren war,
Wog er schon wirklich auf ein Haar
    Zween ehrenfeste Zentner.

Sonst werden alten Mütterchen
    Mit rothgezerrten Augen!
Und faulen Mund, die Kinderchen,
    Die noch die Brüste saugen,
Vertraut, doch hatte Vaters Weib
Zum kuriösen Zeitvertreib
    Ein anderes verordnet.

Als

---

*) Jupiter sah, daß Amphitruo, der Gatte Alkmenes ein berühmter Handelsman eben nach Ostindien in die See stieß. Schnell verwandelte er sich in den Amphitruo, und den Merkurius in seinen Handlungsdiener, und spielte in dieser Masque bey Alkmene, moraliter den Stier, den er ehedem bey der Europa physice gespielt hatte.

Als Herkules in erster Nacht
  Zu schlummern angefangen,
Da krochen in gefleckter Tracht
  Zu ihm zwo grosse Schlangen,
Die wandten geiferträufend sich
Um seine Wiege fürchterlich,
  Und knirschten mit den Zähnen.

Seyd ihr schon da, ihr Bestien?
  Dacht' er, und rang mit ihnen,
Du mordetest Euridizen,
  Und du verworrst die Sinnen
Der Eva, daß sie Aepfel fraß —
Wart! Büßen sollt ihr mir den Spaß,
  Verdammte Hundsgesichter!

Drauf griff er jede bey dem Kopf,
  Und schlug aus ihnen Feuer,
Da flochten beyde einen Knopf,
  Und pfiffen ungeheuer.
Er aber machte nicht viel Tand,
Und drückt' mit seiner starken Hand
  Das Hirn aus ihren Schalen.

Da ward nun gleich mit Extrapost
  An Jupitern berichtet,
Wie Herkules zu Milords Trost
  Die Schlangen hingerichtet.
Von ihm ward Juno dann erweicht,
Daß sie dem Kind die Brust gereicht,
  Um es zum Gott zu säugen.

Schnell

Schnell ward in einem Luftballon
 Es weiter praktiziret,
Und recta zu der Juno Thron
 Im Himmel transportiret.
Da reichte sie ihm ihre Brust,
Das Kindlein sog nach Herzenslust
 Auf einen Zug zween Eimer.

Ach! schrie die Götterköniginn,
 Was ist das für ein Lümmel!
Meynt er, daß ich ein Bierfaß bin? —
 Und warf ihn aus den Himmel.
Da wurde nun, wie es geschieht,
Wenn man im Trunk zu heftig zieht,
 Ein Eimer Milch verschüttet.

Wer diese Wahrheit widerspricht,
 Der geh' hinaus, und sehe,
Wie eine Strasse hell, und licht
 Des Nachts am Himmel stehe;
Milchstrasse heißt sie überall,
Und ihr Entstehn war dieser Fall
 Auf Cavaliers Parole. *

Doch

---

* Dieser Ausdruck steht nicht hier, die Parolle herabzusetzen, sondern nur der Strophe ein adeliches Ansehen zu geben.

Doch damit nicht Tyrintius *
    Im Fall' den Kopf zerschlüge,
War schon bereit Merkurius, **
    Der ihn nach Thebe trüge,
Wo er in's Knabenalter trat,
Und sich doch niemal völlig satt
    Den Tag hin fressen konnte.

Den Unterricht im Singen gab
    Ihm Linus mit der Zitter,
Doch setzt' es einmal Zanken ab —
    Da schlug er sie in Splitter
An seines groben Lehrers Kopf,
Daß unter über sich der Tropf
    Maustodt zu Boden fiele.

Dann kam er in die Sklaverey
    Des Fürsten von Mizenen,
Und raufte sich durch allerley
    Fatale Teufels-Scenen.
Zwölf Jahre war er koudemnirt,
Die er mit Ehre absolvirt,
    Wie wir bald sehen werden.

---

* Ein Beynamen des Herkules.
** Jupiters Kanzleyboth, und Schutzpatron aller Bothen, Lügner, Zeitungsschreiber, Journalisten, Advokaten, Politiker, Betrüger, Handelsleute, Schneider, und Diebe.

Nach Xenophons Meynung wäre dieser Zeitraum gerade das Alter, in welchem sich Herkules in das Einsame des Haines schlich, und lange am Scheideweg herumwankte.

Zweytes Buch.

Wie Herkules einen grossen Löwen erlegen thät, den seine Frau Stiefmutter in den molorch'schen Cleonenwald aus dem Monde herabzuschicken geruhte, und wie dieses Buch Anfang, Mittel, und Ende hat.

Schon war die Schüssel der Natur
　　Vom Safran der Aurore
Vergoldet, schon erschollen Flur,
　　Und Wald vom muntern Chore,
Schon trieb ein Ochs die anderen
Zur Waide, schon entjungferten *
　　Die Kammern sich zur Frühmeß.

　　　　　　　　　　　Schon

Xenephon aber wird mir verzeihen, wenn ich dieses Bivium in einem anderen Buche vorkommen lasse.

Cicero haltet die Geistesfestigkeit in der Deliberation geradezu in diesem Alter für unmöglich, doch giebt er es zu, daß Herkules, als ein Sohn Jupiters, eine Ausnahme machen könne.

Ich aber bin kein zu grosser Liebhaber von Mirakeln.

* Wenn im herkulischen Zeitraume ein Mädchen ihre Jungferschaft verloren hatte, so tratt sie gemeiniglich in herrschaftliche Dienste, wo man sie schlechterdings Jungfer heißen mußte, so daß herrschaftliche Dienste pro restitutione virginitatis in integrum gelten.

Schon wimmelten vor jedem Thor
      Laqueyn, und Demoisellen,
Schon donnerte das Trommelchor
      Der Tambours mit Rebellen,
Bon Jour flog hin, bon Jour flog her
Mit Compliment, und Serviteur,
      Und Knicks von allen Seiten.

Als Juno in dem Mondenkreis
      Sich einen Löwen wählte,
Und ihn zur destinirten Reis,
      Mit ihrem Grimm beseelte,
All ihre Galle goß sie ihm
In seinen Magen ungestüm,
      Und machte ihn zum Teufel.

Mit Eifersucht, und Weiberglut
      Erfüllt sie seinen Busen,
Und rüstet ihn mit aller Wuth
      Der schlangichten Medusen,
Die Mähne rollte fürchterlich,
Und jede Faser reckte sich
      Empor zum Weltverderben.

Achillens Undurchdringlichkeit
      Von neun Vetullen=Häuten
War gegen seine Festigkeit
      Ein Spinngeweb im Streiten.
Denn seine Haut war härter noch,
Als bey dem Unterthanenjoch
      Die Herzen der Beamten.

Da drang nicht Lanze ein, nicht Pfeil,
    Stahl war das Thor des Lebens,
Selbst Zevs mit seinem Donnerkeil
    Bemühte sich vergebens;
Denn gegen ihn, war der ein Lamm,
Dem Simson in die Haare kam
    Im alten Testamente.

Pah! Seine Augen funkelten
    Gleich zween Kometenschwänzen,
Und seine Töne donnerten
    Trotz Vatikansentenzen,
Die Klauen drohten grausiglich,
Und seine ganze Rüstung glich
    Leibhaft dem Despotismus. *

In dem molorchischen District
    War die Cleonenhalde
Dem Mondleonischen Gericht
    Gegeben, seine Wälde
Fand er an fetten Wildpret hier,
Beym Antritt bebte jedes Thier
    Vor seinem nahen Tode.

Sein Eigendünkel war Geboth
    Gesezbuch war sein Magen,
Sein Mustbauch war sein mächt'ger Gott,
    Sein Recht, das Vieh zu plagen
Bewies er klar mit Klau', und Zahn,
Und zeigte blutig jedermann,
    Er sey der Thiere König.

Wenn

---

* Jura negat sibi nata, heißt Despotismus.

Wenn ihn der Hunger hie, und da
    Zuweilen chagrinirte,
Ein Fall, der leider oft geschah,
    So brüllt' er, und citirte
Die Unterthanen vor Gericht
Verschonte Wölf', und Rehe nicht,
    Und fraß, was ihm nur schmeckte.

Molorch sah die Verwüstung an,
    Und jammerte entsetzlich:
O weh! O weh mir armen Mann!
    Der Schlag ist unersetzlich!
Dieß Elend wurde weit und breit
Verzeitungt, und das Herzeleid
    Erscholl auch zu Mizene.

Auf, Herkul, mache dich zu Fuß,
    Und nimm dir zwo Pistolen,
Geh hin, sprach Euristheus,
    Der Teufel soll dich hollen,
Wenn du das Ungeheuer nicht
In des Molorchus Angesicht
    Zu tausend Stück tranchirest.

Alzides nahm das Schießgewehr,
    Und gab ihm scharfe Ladung!
Todt mach ich ihn bey meiner Ehr!
    Dem Schurken ohn' Begnadung,
So schwur er fest, und rüstet sich
Mit seiner Keule eiliglich,
    Er gieng -- die Erde bebte.

Schon

Schon wollt' er in Molorchs Gemach
　　Mit schnellen Schritten eilen,
Als unter ihm die Treppe brach
　　Mit ihren Eichensäulen.
Beym Element! das war ein Schlag,
Als ob des Himmels Decke brach
　　In hundert = tausend Stücke.

Dann fand der König es für gut
　　Sich selbst herabzumühen,
Und sah den Gast ganz wohlgemuth
　　Zu ebner Erde knieen,
Doch von dem Boden eingeklemmt,
Wo er sogleich herausgestemmt
　　Sich auf die Knochen stellte.

Beym Teufel, hub Alzides an,
　　Was sind das für Gebäude,
Die man mit Fingern brechen kann,
　　Wie die Dreykönigskreide.
Das wär', mit aller Reverenz
Zu sagen, eine Residenz
　　Für Liliputenweiber. (*)

　　　　　　　　　　　　Molor=

────────────

(*) Der Liliputengeschichtschreiber reducirte die Größe der Menschen auf das Maaß ihrer Ehrlichkeichkeit, worüber sich die Schuh in Striche, und die Striche in tausend Brüche verloren, man schließt also leicht auf das Gewicht der Liliputen.

Molorchus stutzte über dieß
　　Spektakulum nicht wenig,
Das Kompliment war auch gewiß
　　Nicht fein für einen König,
Doch schwieg er eine lange Zeit
Aus Furcht; denn seine Herrlichkeit
　　War schwach — Alzid ein Lümmel.

Mein Herr der Euristheus,
　　Fuhr Herkules dann weiter,
Erbeut euch seine Hand und Gruß,
　　Ich soll den Bäreuhäuter,
Den Löwen, der euch cujonirt,
Und in den Wald despositirt,
　　Mit Gunst zu Schanden raufen.

Seyd mir willkommen, edler Herr!
　　Sprach Molorch mit Entzücken,
Dank sey dir, grosser Jupiter,
　　Kaum trau ich me'nen Blicken,
Er ist ein Gott, kein Sterblicher
Er scheint in solcher Macht, wie er,
　　Der Retter meines Wildprets.

Drauf führt' er ihn in einen Saal,
　　Wo Prunk, und Anmuth lachten,
Und ließ sogleich zum Ehrenmahl
　　Ihm zwanzig Kälber schlachten,
So lärmend, und so feyerlich,
Als itzt die Küche zeigten sich
　　Kaum Homers Hekatomben.

Und

Und als das Mahl geendet war,
    Begunte man zu trinken,
Da sah man Weine hell, und klar
    Aus goldnen Bächern blinken.
Nun schwoll des Helden Bauch fürbaß,
Daß selbst das Heidelbergerfaß
    Zur Wett verloren hätte.

Zum Besten der Digestion
    Erfolgte nun von allen
Die destinirte Motion,
    Der Fürst, und die Vasalen,
Und alle Füße sämmentlich
Bemühten nach der Haide sich
    Die Löwenhatz zu sehen.

Sir Herknles mit schwerem Tritt',
    Umströmt von hundert = tausend,
Erschütterte mit seinem Schritt',
    Den Boden, und sah grausend
Herab auf die Begleiterschaar,
Die mit ihm in Verhältniß war,
    Wie mit dem Stier das Fröschchen.

Nun kamen sie zum grossen Wald
    Ad locum quæstionis,
Und hörten mit Erstaunen bald
    Die rugitus Leonis;
So brüllte Mars im Felde nicht,
Als vor des Heerdes Angesicht
    Ein Pfeil, den Gott entnervte.

                               Schon

Schon war der Löwe im Conspekt,
　　Als jeder sich entsetzte,
Indem er eben zum Confekt
　　Sich einen Stier zersetzte.
Sein Schwanz schlug dicke Eichen um,
Und sein Gebrülle scholl herum
　　Wie tausend Donnerwetter.

Was? rief Alzides, dieser Mist
　　Macht aus sich so viel Wesen,
Als wär er selbst der Antichrist?
　　Der Knotten läßt sich lösen
Ohn' eines Alexanders Schwert,
Drauf warf er seine Keul zur Erd,
　　Und pakte die Pistolen.

Mit raschem Muth den Hahn gespannt,
　　Tyrolerisch gezielet,
Und grenadierisch weggebrannt
　　War eines, freuderfüllet
Stand Molorchs ganze Suite da,
Denn die Pistolen waren ja
　　So groß, als wie Kanonen.

Doch wie erschrocken bebten sie,
　　Als von dem Löwenfelle
Die Kugeln weggeprallt, als wie
　　Von einer Richterseele
Ein Todesurtheil; wilder stürmt
Des Löwen grause Wuth, und thürmt
　　Alziden sich entgegen.

Daß

Daß dich die Kränk, und schwere Noth!
　　　Dacht er, warf die Pistolen
Zum Teufel. Soll ich da nur Spott,
　　　Und Hohngepfiff mir hollen?
Noch ist's an meinem Arm genug!
Wer Schlangen in der Wiege schlug,
　　　Kann nicht vor Löweu zittern.

Ihm schien es eine Tändeley,
　　　Rasch faßt er ihn beym Rachen,
Und riß ihn bis zum Schwanz entzwey
　　　Das Bein, und Rippen brachen;
Dann zog er ihm die Haut vom Leib
Dem Prinzen von dem Zeitvertreib
　　　Ein Pfand zurückzubringen.

Waschnaß von Morlochs heißen Dank,
　　　Und von den Beyfallthränen
Empfieng er nun den Ehrentrank,
　　　Und stärkte seine Sehnen,
Aus seiner Löwenhaut ließ er
Sich von dem besten Hof=Tailleur
　　　Ein Panzerhemde machen.

Bey einem höhren Freudenfest,
　　　Als wär ein Jubiläum,
Das Casus reservatos läßt,
　　　Ertönte ein Te Deum
Mit Pauken= und Trompetenklang,
Solemnisirten Sing, und Sang
　　　Zur Ehr des Wilpretreters.

　　　　　　　　　　Drauf.

Drauf folgt ein reich besetztes Mahl,
  Daß alle Tafen krachten,
Et un Musique instrumentale,
  Worüber alle lachten;
Denn der Director Musices
War von dem Lob' des Herkules
  Gar jämmerlich besoffen.

Der Abend losch schon nach und nach
  Aus, und die Blendlaternen
Des Himmels guckten allgemach
  Aus ihren düstern Fernen
Herab zur schlafenden Natur,
Und wiesen kuplerisch die Spur
  Zum Hörnerpfad der Männer.

Als unserm Held zween Zentner Schlaf
  Am Augendeckel hiengen,
Sein müder Schedel sank — fiel — traf,
  Und schlug in tausend Sprüngen
Den grossen Tumler, der vor ihm
Postirt war, gräulich ungestüm,
  Wie's Wetter voneinander.

Der König hielt es nun für gut,
  Das Tagwerk zu beschließen:
Ins Bett gegangen, ausgeruht! —
  Noch diesen Abend ließen
Dem Helden Seiner Majestät
Empfehlungsschreiben, wenn er geht,
  An seinen Fürsten siegeln.

Die

Die Nacht verflog in Schlaf, und Traum,
  Der Morgen avancirte
Mit seiner Avantgarde kaum,
  Als man schon frühstückirte.
Alzid nahm Abschied; und da rann
Ein Thränenguß, so stark, daß man
  Den Speissaal fegen konnte. (*)

Nun rüstete sich unser Held
  Gemach zur Heimathreise,
Die Dichter einer halben Welt
  Wetteiferten um Preise,
Die man dem Besten zugestand,
Worunter sich auch mancher fand,
  Der auf die Keul' odirte.

Drit=

(*) Wem diese Hyperbel zu überspannt scheint, der setze sich in die Lage jenes Zeitalters, wo die kleinste Frauenzimmerthräne anderthalb Pfund wog, wo siebenjährige Knaben dicke Birken, wie Gras vom Boden rissen, und mit Quaterstücken in die Wette warfen, wo der Hauch eines Mannes, der sich räusperte, das Meer in Aufruhr blies, und wochenlange Nebel gebahr; dann greift der Vorwurf irgend einer Ueberspannung auf keine Meile Platz.

Drittes Buch.

Fangt mit Donnerwettern an, und endet mit Stürmen. In der Mitte ist gar zierlich geschrieben, wie Herkules die Hydra überwältigen, und wie das Ding verzweifelte Mühe kosten that.

Sankt Juno ärgerte sich toll,
    Daß ihr mit diesem Lümmel
So jeder Streich mißlingen soll,
    Und rannte durch den Himmel
In ihr geheimes Kabinet
Um einen Topf voll Menschenfett,
    Es gräußlich abzurühren.

Kaum fieng sie da zu kochen an,
    So fiel der Barometter,
Und an den Firmament begann
    Ein schweres Donnerwetter,
Wie ihre Stirne furchten sich
Die schwarzen Wolken grausiglich
    Im lauten Sturmrenkontre.

Der Donner rollte brüllend her
    Als börsteten die Säulen
Des Himmels, das empörte Meer
    Erscholl auf zwanzig Meilen,
Die schnellen Blitze kreuzten sich
Von allen Seiten fürchterlich,
    Die ganze Luft war Schwefel.

Der Sturm riß feste Eichen aus,
    Und schüttelte die Haine
Beym Schopf mit brausenden Gesaus,
    Die Wolken warfen Steine,
So groß, als wie ein Straußeney,
Und Felsen splitterten entzwey
    Von tausend Donnerkeilen.

Es schien, als wollte Jupiter
    Der Welten dicke Kugel
Flach schlagen, Ströme stürmten her
    Aus Neptuns * Wasserkrugel,
Und rissen Berge mit sich fort,
Daß man dabey sein eignes Wort
    Vor Lärm nicht sehen konnte.

Beym Teufel! rief Alzides aus,
    Das war mir eine Metten!
Wer könnte bey dem Saus, und Braus
    Ein Vaterunser bethen?
Ist's doch, als ob man mit dem Mist,
Der in dem ganzen Himmel ist,
    Mich parfumiren wollte.

Doch

(*) Der Gott der Matrosen, Salzknechte, Weinwirthe, Bierführer, Wassersucht, und Politik.

Doch stieg er ohne Ruh und Rast,
    Weg über Berg und Flüße,
Die Eisenkeule war sein Mast,
    Die Ruder seine Füße,
Bis er voll Dreck und Mist, und Schlamm
Zurück in seine Heimath kam
    Wie Trojas Ueberbleibsel.

So stank noch keine Mumie
    Seit hundert-tausend Jahren,
So pechstarr war kein Eber je,
    Als unser Held an Haaren,
Denn ganze Trümmer schwengelten
Daran, wie die parisischen
    Pomaden an den Locken.

Kaum war die Nachricht ausgeheckt
    Vom Ablauf seiner Händel,
Als man den ganzen Hof gefegt
    Mit düftenden Lavend'l,
Denn der Mizener roch ihn schon,
Wie ein erhobner Bürgers Sohn
    Den Vater, auf zwo Meilen.

Doch eh ihn Euristheus
    Ließ vor in hohen Gnaden,
Mußt' er noch siebenmal im Fluß
    Wie Naamam sich baden;
Wozu Mizenens ganze Schaar
In Haufen hergeströmet war,
    Nicht minder — viele Mädchen;

Alzi-

Alzides war so jungfräulich,
　　Sein Schmuck so unbeneidet,
Daß er zur grossen Wäsche sich
　　Nicht einmal ausgekleidet.
Die Mädchen sehen sich schon satt,
Dacht' er, wenn manchmal ein Soldat
　　Die Gasse nackt paßiret.

Da nun die Wäsch geendet war,
　　Kam er herausgestiegen,
Und sah das gelbe Mähnenhaar
　　Um seinen Nacken fliegen
So freut sich oft ein Adels Kind
Bey Orden, die sein Erbe sind,
　　Doch nicht so veritable.

Als die erstaunten Schaaren ihm
　　Schnell aus dem Wege trätten,
Rannt' er zum Throne ungestüm 1.
　　Voll Appetit noch Braten;
Da sagt' ihm ein portirtes Kleid 2.
Der Fürst sey gar unpäßlich heut,
　　Er solle morgen kommen.

　　　　　　　　　　Alzid,

---

1. u. 2. Zwo Synechdochen, der Thron statt der Residenz, und das portirte Kleid statt dem Höflinge, im ersten Falle pars pro toto, im letzten totum pro parte.

Alzid, der nicht gern wartete,
  Trabt' eilig in die Küche,
Der Küchenrektor donnerte
  Gewaltig; doch die Flüche
Des Plumpsacks achtete er nicht
Und fraß in seinem Angesicht
  Das ganze Fürstenfutter.

Sogliech war durch die wälsche Kur
  Des Fürsten Bauch salviret,
Und Herkul recta via zur
  Großaudienz geführet,
Wo Seiner hohen Durchlaucht sich
Ob diesem Streich gewaltiglich
  Geruhten zu ereifern.

Fort, pack dich unverschämtes Luß!
  Verfuhr der Fürst mit Hitze,
Zu deiner wohlverdienten Straf
  Geh zu der Lernerpfütze,
Und köpfe dort das Teufelsthier,
Den gift'gen Zwölfkopf, welcher mir
  Die Pest ins Land gehecket.

Alzides stutzt', und reichte ihm
  Molorchs Empfehlungsschreiben.
Beym Wetter, rief der Fürst voll Grimm,
  Willst du noch lange bleiben?
Fort, sag ich, Dumkopf, rüste dich
Zu deinem Marsche förderlich,
  Sonst reite dich Hanns Satan!

Zeus

Zevsidas (*) gieng, und rüstete
    Sich wieder mit der Keule,
Statt den Pistolen waffnete
    Den Held ein Sack voll Pfeile;
Denn die Pistolen hielte er
Von eigener Erfahrung her
    Fürs fünfte Rad am Wagen.

Im Zeughaus nahm er sich ein Schwert
    Von fünf und zwanzig Ellen,
Und wetzte es zu ebner Erd,
    Und maß, um nicht zu fehlen;
Allein der Eifer riß ihn weg,
Daß er mit seinem Scanderbeck
    Zwölf Marmorsäulen köpfte.

Drauf hub er seine Reise an
    Zum neuen Ebentheuer,
Jolaus war sein Marschgespann,
    Ein Mann dem Helden theuer;
Denn nach dem Herkules war er
Der einzige am Hofe, der
    Am meisten fressen konnte.

                                Der

─────────────

(*) Jupiter der Sohn des Kronos heißt
Kronidäs, warum nicht auch Herkules
Zevsidas?

Der glaubte, diese Hydra sey
    Vom Satanas begeistert,
Und durch des Teufels Zauberey
    Mit Blendwerk überkleistert;
Drum nahm nach christlichen Gebrauch
Er einen Sack voll Hexenrauch
    Von einem Kapuziner.

Auch trug er vielen Weihbrunn mit,
    Johannis Wein der Menge,
Daß er damit sich Schritt vor Schritt
    Ganz heiliglich besprenge,
Auch nahm er ein Quirini Oel,
Ein Mäßlein Aloysi Mehl,
    Und Zauberamuletten.

Mit dieser Rüstung schritten sie
    Sofort zu ihrer Reise,
Und eilten, das verdammte Vieh
    Von ihrem Erdenkreise
Zu tilgen, über Berg, und Thal,
Bis sie den Lerner Dreckkanal
    Vom Schweiß durchnäßt erreichten.

Da lag die Pfütze, faul, und grün,
    Voll seuchenschwangrer Dünste,
Und eine Menge Krötten drinn,
    Und Nattern, die Gespinnste
Der Kreuzespinnen deckten schier,
Vom Gift bereifet, die Revier
    So dick, wie Nonnenschleyer.

Dort klungen unter gelben Laub
　　Mungung's der tollen Unken,
Da wanden Schlangen sich im Staub
　　Vom frechen Gift betrunken.
Hier nährten die mephytischen
Pestdünste den verderblichen
　　Averner = Basilisken.

Träg ſtand der peſtial'ſche Teich
　　Schon manche hundert Jahre,
Der vollgeſtopften Dummheit gleich,
　　Die heilige Tiare:
Zog aus der Pfütze reichen Zoll,
Und mühte ſich, ſie immer wohl
　　Beym Alten zu ſerviren.

Die Spinnen thaten ihren Dienſt,
　　Die Schleyer dick zu weben,
Und die Vernunft beym Selbſtgewinnſt
　　Vom Sattel auszuheben.
Sie waren prieſterlich bemüht,
Ihr Oberhaupt zu ſchmücken mit
　　Infallibilitäten.

Und wollte je ein Patriot
　　Sie brauchbar reformiren,
So krochen Schlange, Natter, Krott
　　Hervor zu refutiren.
Der Baſiliſke funkelte
Mit seinem Aug und schleuderte
　　Verderbenvolle Blitze.

In

In einer dumpfen Nacht von Dampf,
　　Die ihren trägen Flügel
So siech, als wie der Seelenkramp,
　　Hin über Thal, und Hügel
Mit Seuchenhauch verbreitete,
Stand unser Held, und heftete
　　Den Blick auf die Zerstörung.

Das Ungeheuer kroch hervor
　　Vom Geifer übergossen,
Und streckte seine Köpf empor,
　　Von allen Zähnen flossen
Giftschäum' mit warmen Blut vermischt,
Und jede der zwölf Zungen zischt
　　Wie zwanzig tausend Vippern.

Die scharfen Klauen ankerten
　　Tief in der Erde Busen,
Und statt dem Haare züngelten
　　Gleich Furie=Medusen
Gefleckte Nattern im Geflecht,
Die ein verjährtes Bürgerrecht
　　Auf jedem Schedel hatten.

Die grossen Augen funkelten
　　Wie Pharisäer=Blicke,
Und in dem Busen eiterten
　　Betrug und heilige Tücke
Ein frommer Eifer breist, und dumm
Schlug sich ein Monopolium
　　In jedem seiner Köpfe.

Den

Den Rücken deckt ein Scapulier,
   An jedem seiner Schwänze
Brillirten als die größte Zier.
   Berührte Rosenkränze,
Großseufzer stolperten empor,
Wann ile dutzend Köpf' im Chor
   Von Chorah's Falle plärrten.

Verpicht auf steifes Christenthum
   Riß es die Menschen alle,
Die nicht ganz auferbäulich dumm
   Sich trugen in die Falle,
Und zerrt, und drückt sie grün, und blau;
Und glich an jedem Theil genau
   Dem tollen Fanatismus.

Azid erhob sein sausend Schwerd,
   Wild pfiff es durch die Lüfte,
Drey Köpfe polterten zur Erd,
   Der Stahl drang in die Hüfte,
Doch sieh, der Held erstaunte hoch,
Als von dem Rumpf aus jedem Loch
   Zween neue Köpfe wuchsen.

Statt einem dutzend Schedeln nun
   Hat die ergrimmte Klinge
Mit ganzen funfzehn es zu thun;
   Doch sein Begleiter fienge
Mit Weihbrunn, und Jahannis Wein
Die schwarzen Teufels Künsteleyn
   Vom Thier an wegzuspritzen.

Und Herkul hollte wieder aus,
　　Daß jede Wolke pfiffe,
Und schlug mit fürchterlichen Graus
　　Sechs Köpfe in die Tiefe;
Jolaus rüstete sich schnell,
Mit seinem Aloysimehl
　　Die Löcher zu verpudern.

Auch dieß Remedium verlohr
　　Die Kraft, das Blättlein wand sich
Zwölf neue schossen rasch hervor,
　　Nun pfiffen ein- und zwanzig,
Und geiferten so grausiglich,
Daß selbst der Held Alzides sich
　　Ob diesem Spuck entsetzte.

Wirf die Alfanzereyen weg,
　　Sprach Herkules in Eile,
Da halte meinen Scanderbeck,
　　Ich nehme meine Keule,
Und schmettre ihm mit einem Schlag
Die ein und zwanzig Schedeln flach,
　　So wahr ich Herkul heiße.

Da zupfte ihn Merkurius,
　　Der eben hergeritten,
Und meldet ihm des Donnrers Gruß,
　　Er soll sich weislich hüten
Vor der St. Hydra scharfen Zahn,
Dem niemand widersteben kann
　　Ohn einem Weltmirakel!

Und

Und rieth, er soll mit seinem Stahl
　　Die Köpfe wegscharmützeln,
Und jede Wunde Fall für Fall
　　Mit heißen Eisen kützeln.
Drauf macht er Feuer in dem Gras,
Und reichte dem Alzides das
　　Gauf=Eisen von St. Juno.

Als Merkur weggeritten war,
　　So hitzte man das Eisen,
Das grosse Thier mit Haut, und Haar
　　Auf sauern Krauth zu speisen,
Alzides pelzte Kopf für Kopf,
Jolaus sengte jeden Kropf
　　Mit reichlichen Fomenten.

Da floß nun freylich wohl kein Blut,
　　Doch Gift in schwerer Menge
Mit einer gelben Eiterflut
　　Im geifernden Gedränge,
Doch eilten bald die anderen
Bewohner der mephytischen
　　Kloake ihm zu Hilfe.

Da pfiffen wilde Nattern her,
　　Dort raisonirten Schlangen,
Hier kam ein braunes Kröttenheer,
　　Die halb von Gift zersprangen;
Da kroch von ihrem Obersten
Monarch mit ausgespreiteten
　　Zwickscheeren als Gesandter

Ein

Ein Krebs vom Feuer seiner Wuth,
    Als wär er abgesotten,
So roth, als wie der Palljenglut,
    Zum starken Hugenotten,
Um ihm mit seiner langen Scheer
Zum grossen scharfen Mordgewehr
    Den Appetit zu schwächen.

Alzides sah den Rothkopf mit
    Religiösem Schritte
Sich nahn, er sah, wie Glied für Glied
    Zum Zwicken sich bemühte.
Pah! So ein ungeheures Vieh
Sah er an Fürstentafeln nie,
    Und nie bey Klosterschmäusen.

Er hatte Scheeren an zwo Pfund,
    Lang, wie Aegeons Hände, *
Und einen Mastbauch voll und rund
    Von Unterthanen Spende,
Doch nahm er keinem etwas ab,
Weil selbst ein jeder alles gab
    Dem Pasilisk im Krebsen.

                      Schön

---

* Aegeon war ein ungeheurer Riese, seine Haare sengte die benachbarte Sonne, mit hundert Armen war sein Rumpf gespickt, so, daß er einmal im Grimme hundert Firsterne aus der Decke des Himmels riß und einem ungerechten Richter, auf zehn Meilen weit, 100 Dintenfäßer an den Kopf warf.

Schon schwiegen Schlange, Natter, Krott,
    Als sie ihn nur erblickten,
Doch zankten sie, als ihren Gott
    Alzidens Füße drückten,
Und raisonirten gräulich fort,
Da sie den sakrileg'schen Mord
    Mit Augen sehen mußten.

Denn Herkules zerquetschte ihm,
    Wie einen Haderlumpen,
Die dicke Schale ungestümm,
    Todt lag der breite Klumpen.
Verstünde mancher diesen Kniff
So würd' er oft mit einem Griff
    Durch kleinen Schaden nützen.

Der Dreykopf aber zischte noch,
    Und wirbelte die Kragen,
Und alles Ungeziefer kroch,
    Den Mörder zu verjagen;
Er aber machte nicht viel Spaß,
Und hieb ihm Kopf nach Kopf fürbaß
    Mit seinem Schwerd vom Rumpfe.

Jolaus sengte wacker drauf
    Mit seinen Stahl Karbonen
Und hatte neuen Wuchs und Lauf
    Den Köpfen abgewonnen;
Da lagen euch die Trümmer her,
Wie Abgott Dagons Serviteur,
    Den er der Arche machte.

Wie der zerstückten Schlange Schwanz
    Noch lang sich flechtend windet,
Eh das zerstörte Leben ganz
    Mit aller Kraft verschwindet,
So wanden sich, und schlängelten
Die Schwänze, wie noch heut zu sehn,
    Doch sind es auch nur — Schwänze.

Beym Element! rief Herkules,
    Das wär mir eine Scharwerk!
Dir, heil'ger Merkur! dank ich es,
    Sonst hätte mich mein Tagwerk,
Hol mich der Teufel! zugestutzt,
Und hint, und vornen abgenutzt,
    Wie einen jungen Dichter.

Zum Schlagwort kam Merkurius
    Als fürstlicher Gesandter
Vom Herrn Papa mit schnellen Fuß,
    Zu dem Jolaus wand er —
Sein Angesicht? — Nein, seine Hand,
Und nahm von jedem unerkannt
    Das wundervolle Eisen.

Ganz in Pontificalibus
    Kam er, den todten Klumpen
Des Krebsen im Zodiakus
    Zum Heiligen zu pumpen,
Ein würdiges Concilium
Zu Rom ertheilte ihm darum
    Die grüne Martyrkrone.

Und nun strahlt er im Junius,
  Wenn in dem Kabinete
Die Sonne divertiren muß,
  Dem Sirius zur Wette.
Ihn ruffen die Zerfreßnen an,
Denn er allein, sonst niemand kann
  Den Fraß des Krebsen heilen.

Mit dem St. Krebs, und Eisen wich
  Merkurius in Eile.
Und Herkules beschmierte sich
  Mit Hydragift die Pfeile,
Und eilte aus der Pestilenz
Zurück in seine Residenz,
  Um freye Luft zu schnauben.

Die Sonne brannte sengend her,
  Der Schweiß rann weg in Flüßen,
Sonst hätten beyde Wanderer
  Gebraten werden müßen,
Die ganze Erde trocknete
Sich, und die Haide nebelte
  Von blauen Schwefeldünsten.

Die Bäume lechzten schwach, und matt,
  Und jede Wurzel glühte,
Der Eiche, und der Linde Blatt
  Ward runzlicht, und verblühte,
Die leeren Ufer dürsteten
Nach Wasser, und die Reisenden
  Nach Augustiner Biere.

Der dürre Boden spaltete
    Sich hie, und da in Ritzen
Und mürbe Faulung dünstete
    Aus abgestandnen Pfützen;
Dem Vieh behagt' das magre Gras
So wenig, als dem Schneider das:
    Kommt nächster Tagen wieder.

Da griff Alzidens starke Hand
    Ergrimmt nach einem Pfeile,
Kaum war der Bogen aufgespannt,
    So flog mit Blitzes Eile
Zur Sonne das Geschoß empor,
Und fodert' den Apoll hervor,
    Mit Herkuln sich zu messen.

Doch selbst Apollo schmiegte sich
    Vor unserm schweren Helden,
Und ließ dem Aeol förderlich
    Durch einen Lichtstrall melden,
Er soll dem Herkules geschwind
Den allergrößten Wetterwind
    Zu einem Fächer senden.

Und Pfeilschnell kam Orkan daher,
    Und wölbte seine Backen,
Und blies, und stürmt', und rollte schwer
    Alziden auf den Nacken,
Und weil der Wind von hinten blies,
So machte der gelabte Rieß
    In einer Stund fünf Meilen.

Schon tratt er zu Mizene ein,
　　Daß alle Steine krachten,
Da hört er ein gewaltig Schrey'n,
　　Und sah, wie alle lachten,
Denn vom empörten Wettersturm
Hieng eine Pappel, wie ein Thurm
　　An seinem Haar — er merkt's nicht.

Doch als er diesen Popanz sah,
　　Worüber jeder schrie,
So ärgerte er sich beynah,
　　Und brach ihn an dem Knie.
Woher dann noch zu dieser Frist
Die Pappel ihm geheiligt ist
　　Mit allen ihren Nymphen.

Viertes Buch.

Wie Herkules einen beherzten Hirschen fangen thät, und wie es zuvor, und darnach unten, und oben zugieng.

Nun gieng die Glut im Himmel aus,
  Kühl war des Tages Ofen.
Frau Zevsinn gieng zum Abendschmaus
  Bedient von zwanzig Zofen. (*)
Zum Denkmal dieses Tags geruht
Herr Zevs Soupée, und dann Redoute
  En Masque zu zelebriren.

In einen goldnen Speisesaal
  Erschienen alle Götter,
Und Pauken = und Trompetenschall
  Erklang wie's Donnerwetter.
Sankt Jupiter saß oben an,
Und in den Reihen Mann für Mann
  Ein jeder bey der Liebsten.

Frau

(*) Zofen sind Mitteldinge von Frau, und Mädchen, dienen, und werden wieder bedient, kuppeln Hörner, und machen sie selbst. Das Zerzausen und Filzen ist eigentlich ihre Sache.

Frau Jupitrinn die mächtige
  Saß neben ihren Gatten,
Mars neben seiner Zyprie, (*)
  (**) Vulkan, und Bachus hatten
Der Grobschmied links, der kupfrige
Rechts an die alte Zibele
  Sich beede engagiret.

Aſträa, und Merkurius
  Apollo, und Pillâtis, (***)
Diana, und Melaneus, (****)
  Neptun mit seiner Thetis.
Und all die hohe Götterschaar
Saß an der Tafel paar, und paar,
  Und man begann — zu schmausen.
            Gelb,

(*) Mars, Gott der Eroberungen, Venus, Göttinn der Eroberten.

(**) Gott der Schmiede, Zipriens Gemahl, der aus Dankbarkeit für seine Hörner den Mars und seine Frau Liebſte mit einem Eiſengitter im Bette zuſammſperrte, und den ganzen Olymp herbeyrief, das Mirakel des Fleiſches, und des Eiſens zu ſehen. Affen waren seine Gouvernanten.

(***) Pallas, Soldaten, und Studenten= Göttinn.

(****) Dianens vergötterten Schooshündchen. Ihre berüchtigte Jungfrauſchaft erlaubte ihr keinen anderen Nachbar. Melaneus hatte seiner Zunge den bürgerlichen Beyſitz im Olymp zu danken.

Gelb, wie Aurorens Safranmeer
　　Von Hollands Aromaten
Gab Thetis eine Suppe her,
　　Die besten Köche hatten
Aus Zungen heil'ger Papageyn,
　　Und Nachtigallen=Kehlen ein
　　　　Voressen frikasiret.

Da gab ein jeder Heillger
　　Das Beste aus dem Hause
Als einen Küchenbeytrag her
　　Zu dem Prälatenschmause;
Zum Tafelstück ließ Jupiter
Sich einen Stier, so groß, als er,
　　　　In einem Kessel sieden.

Evan der dicke Weingastgeb
　　Ließ sich recht weidlich sehen,
Zween Luchsen, Panther, und ein Löw (*)
　　War sein Geschenk; von Rehen,
Und Hirschen ließ Diana sich
Nebst Gäns, und Haasen königlich
　　　　Ein Wildpret Solo machen. (**)

　　　　　　　　　　Apollo

―――――――――――

(*) Diese Thiere waren ihm heilig, wie der Stier dem Jupiter.

(**) Diana ist die Göttinn der Jagd, kleidet sich durchaus amazonisch, trägt Hörner, und sieht ganz blaß, ihre Jagd treibt sie nur nächtlicherweile.

Apollo schickte einen Schwan,
    Und Juno einen Pfauen,
Minerva einen Dichterhahn,
    Die älteste der Frauen
Sankt Zibele verehte die
Pasteten, mild, und mürb, wie sie,
    Und ihre Jungfernbrüste.

Der wilde Mavors lächelte,
    Als man den Eber brachte,
Den er gefällt, und dem Soupée
    Als ein Legat vermachte,
Er war das Schrecken der Natur,
Mars gab ihn her, und Sankt Merkur
    Das übrige Geflügel.

Neptunus ließ vom ganzen Meer
    Fischtrouppen paradiren,
Und Aeolus ein ganzes Heer
    Von Vögeln bratspießiren,
Auch gaben sie dem Jupiter
Zur Lieblingsspeise Austern her
    So groß, wie Modenhüte.

Wer nennt all das Gebackene
    Mit einer Menschenzunge?
Wer zählt all das Gebratene
    Mit unerschöpfter Lunge?
Wer titulirt die Schinken all,
Die Pluto aus dem Rauchkanal
    Der Hölle hergesendet?

Zithere, und die Grazien*
    Besorgten die Konfekte
** Pomone reicht' die seltensten
    Produkten jeder Sekte.
Den Nektar gab Sankt Evoe,
*** Und Zeres neugebackene
    Dominikaner Wecken.

Apollo

---

* Aglaja, Thalia, und Euphrosine drey nackte Mädchen mit langen losgebundnen Haaren; Freude, Tanz und Zärtlichkeit, und ewig rosenfarbne Laune sind ihr ganzes Wesen. Sie sind die Göttinnen der überzuckerten Leyer.

** Göttinn der Früchten. Vertumus schlich sich in der Masque eines alten Weibes zu ihr, und kam als Gatte zurück.

*** Zeres war ihrer Geburt nach eine Stute, und zog mit dem Hengst Neptunus den Pflug, nach ihrer Metamorphose in ein Mädchen verbarg sich die Beschämte in Felsenklüfte; ein hungriger Faun, den der Mangel an Feldfrüchten zum Wurzelsuchen zwang, entdeckte, und verrieth ihren Aufenthalt. Jupiter schickte die Grazien zu ihr, deren liebliche Gnade sie aus der Höhle hervorzauberte. Kaum sah die Natur den Reiz ihrer Gestalt, so ward die Theurung zur Fruchtbarkeit umgeschmolzen; diesem Mirakel hat sie die Götterschaft über die Feldfrüchten zu danken.

Apollo mit dem Musenchor
    Gab Duschmaleins Conzerten,
* Und Orpheus sang ein Solo vor:
    Von einem Sänger hörten
Seit der Erschaffung der Musik
Nicht Katjer solch ein Meisterstück
    Trotz ihren Virtuosen.

Der ganze Saal war Melodie,
    Und alle Teller hüpften
Bezaubert von der Harmonie
    Des Thraziers in Lüften,
Und als das Lied geendet war
Pfiff der berühmte Tafelnarr
    Paßberger Seppel — Possen.

Nun trennte die Gesellschaft sich,
    Und sann auf Masqueraden,
Da kamen prompt, und förderlich
    Zwölf Zofen Seiner Gnaden
Die mächtige Frau Jupitrinn
In die verliebte Königinn
    Kleopatra zu wandeln.

Da

---

* Orpheus sang Wucherherzen mild, und wiegte den Zerberus mit Mißionsliedern in den Schlaf. Kirchen, und Kapellen folgten dem Ton seiner Laute, als würden sie von Engeln weggetragen. Blinde sang er zum Gesicht, Lahme zur Geradheit, und Todte zum Leben. Potz Gesang, und Mirakeln!

Da wurde ihr Ambrosien Haar
    Aegyptisch umfrisiret,
Und durch die sieben Zöpfe gar
    Der Nilus exhibiret;
Doch, Element! wie poltert sie,
Als von dem Eisen da, und hie
    Die schönsten Finnen wuchsen.

Der grosse Spiegel zeigte ihr
    Die Flecken klar, und helle,
Wie ihres Göschchens Mignatur
    Durch Eiter sich entstelle,
Patsch! war die Zofe maulschellirt,
Gedonnert, und gefulminirt,
    Der Spiegel flog in Trümmer. *

Da tratt Merkurius herein
    Gelockt vom Zeterschreyen:
Wenn man Kleopatra will seyn,
    Sprach er, soll man nicht scheuen
Das Gift, das eine Schlange führt,
Madame gehen ja masquirt,
    Wer sieht denn ihre Finnen?

Der

---

* Wer zählt die Spiegelflüche der Häßlichkeit? — Schmünkt euch, daß ein Pferd in eurem Angesichte stecken bleibt, sagt Schakespear. Es ist auch das beste Mittel, dem Spiegel den Mund zu verpappen, wenn er rufen will: Potz Runzeln, und Falten!

Der Schlaukopf traute sich doch nicht
　　Die Wahrheit zu gestehen,
Auch wollt' er heute sein Gesicht
　　Nicht gern zerkratzet sehen.
Der Fuchs, den keiner übertrift,
Vergaß, vom siechen Hydragift
　　Das Eisen zu purgiren.

Der schlaue Tagdieb trollte fort,
　　Er las in ihrer Miene,
Daß ihr der Scherz am üblen Ort
　　Von ihm postiret schiene,
Dem Herkules flucht sie, doch freut
Sich heimlich ihre Eitelkeit,
　　Daß sie an allen Schuld war.

Kleopatren zog sie nun an
　　In Kleidung, und in Mienen,
Und Iris mußt' als Charmian
　　Die Königinn bedienen.
Noch fehlte ihr Antonius, *
Doch konnte sie aus Ueberdruß
　　Ihn heute leicht entrathen.

　　　　　　　　　　　Schon

---

* Seines Zeitalters der geübteste Held —
auf Pflaumen.

Schon waren all' in Positur,
　　Mit ihren Masquen fertig,
Im ganzen Saale war man nur
　　Der Tänzer noch gewärtig. —
Und sieh! — Schon rückte paar, und paar
Vermumt die ganze Götterschaar: —
　　Stürmt Pauken, und Trompeten!

Vor allen, stolz, gleich einem Pfau
　　Mit zirkulirten Schwanze
Tratt des allmächt'gen Donners Frau
　　Mit Charmian zum Tanze *
Dann führt der mächtige Chapeaux
Herr Donnrer als Amphitruo
　** Latonen als Alkmene.

Sankt Bachus kam als Reichsprälat,
　　Als eine Schmunkenbüchse
Erschien in rosenfarbnen Staat
　　Aurore, die Paphichse ***
(Vom Landgut Paphos so genannt)
Führt Mars, der Kanonier zur Hand
　　Als Marketänder Mädchen.

　　　　　　　　　　* Asträa

---

* Charmian war Kleopatrens Kammerfrau.
** Die Tochter des Ibus eines blinden Riesen.
　Jupiters Maitresse, und Mutter der Zwil-
　linge Apoll, und Diane.
*** Venus residirt gewöhnlich in Paphos der
　kinderreichen Insel. Auf zwanzig Meilen
　hört man bey ruhigem Meere schon den ewi-
　gen Wiegengesang, und das Girren verlieb-
　ter Turteltauben.

* Aſträa ward als Siechenweib
 Vom Aeolus geführet,
Er hatte ſich mit Seel, und Leib
 Marquiſiſch vermasquiret;
Denn ein Marquis im Richterſaal
Erregt Aſträen allemal
 Vapeurs, und Seitenſtechen.

Erweckt ließ ſich Endimion **
 Als bair'ſcher Hies'l ſehen;
Er mußte mit der Amazon
 Diana Walzer drehen.
Herr Momus kam als Rezenſent,
Frau Zeres als das Armenſpend,
 Als Fledermaus Minerva.

Als Weinwirth war Neptunus da,
 Als Rauchfangkehrer Pluto
Mit ſeiner Frau Proſerpina
 Ex infernali luto.
Als Arzt kam Eskulapius
Mit dem Hanns Wurſt Merkurius,
 Und Zibele als Hebamm. Drauf

* Aſträa iſt die Göttinn der Gerechtigkeit, ei‑
 ne Todtfeindinn der Schnecken, u. Schmet‑
 terlingen, und Goldkäfern. Dieſes Unge‑
 ziefer trieb ſie wieder in den Olymp zurück,
 denn es rottete ſich in ſo gewaltiger Menge,
 daß ſelbſt Gaßneriſche Exorzismen es nie‑
 mal hätten vom Flecke treiben können.
** Endimion war außer dieſem Freudenfeſte
 zum ewigen Schlafe verdamt, weil er dem
 Jupiter Hörner aufſetzen wollte. Diana ent‑
 brannte in den Schlafenden, und ſchwur, ihn
 alle Nächte auf dem Berg Latmus zu küßen.

Drauf kam' als Kohlenbrennerinn
 Sankt Vesta mit Vulkanus
Bellona, Großzwieträchtlerinn
 Als Pest mit Signor Janus;
Dann folgten als Skiß, Monque, Pagat
Zween Faunen im Triumvirat
 Mit dem Paßberger Seppel.

Nun ward getanzt, gehüpft, geneckt,
 Punsch, Nektar, Limonaden,
Kaffee, und Mand'lmilch, und Seckt,
 Liquers, und Schokoladen
Gesoffen, nnd gekarreßirt,
Und links, und rechts herumcharmirt,
 Bis an den hellen Morgen.

Und nun Mamsell Blumauerinn *
 Beliebeu sie ein bischen
Zur Erde sich herabzumühn
 Mit ihrem Musenfüßchen,
Zu sehn, wie's mit dem Hofe steht,
Und wie es unserm Sieger geht
 Im hydrischen Triumphe.

 Sie

――――――――――――――――

* Meine Theuerste! sie sind schon einmal auf Virgils Heerstraße durch Himmel, Erde, und Orkus gewandert, sind lächelnd mit freudebeflügelten Socken, und wohl manchmal mit beißenden Spornen über die Köpfe der Thoren Hurah! Hurah! Hopp hopp hopp mit losgelassenen Zügel weggalopirt, auf
 dem

Sie wissen selbst, was Juno schwur,
    Mit ihrem Herrn Gemahle,
Ihr Plan war Kuyonade nur,
    Und ihre ganze Galle
Schwoll, daß sie brausend überstieg,
Da ihr zum Trotz ihr Gatte sich
    Amphitruonisirte.

Der Sieger kam, und wartete
    Sich in dem Vorsaal müde,
Auch der Mizener gab Soupée,
    Doch Herkul blieb im Friede,
Ihn störte weder Trank, noch Speis,
Noch Ruhe von der schweren Reis,
    Er stand — wie viele stehen.

Dieß ärgerte den Herrn Papa,
    So schnell, wie eine Schwalbe
War in dem Nu Sankt Merkur da
    Mit einem starken Kalbe,
Gebraten war's nach Appetit,
Daß unser Held nicht Mangel litt,
    Und ex abrupto speiste.

Der

---

dem Steckenpferde: Witz! Nun leitet sie keine Heerstrasse, sie reiten über nie befahrne Wege, und wählen sich ganz einen eigenen epischen Pfad, so neu, und unbekannt, wie die Feder ihres Anbethers, wer wird es Ihnen auf einer so schweren Reise verargen, wenn sie manchmal ermüden, oder straucheln?

Der Bissen war für seinen Mund
    Wie Köchinnen für Pfarrer.
Er fraß in einer Viert'lstund
    Den Braten, doch kaum war er
Von allen Knochen absolviert,
Da kam vom Sklaven apportirt
    Ein Moßler = Flaschenkeller.

Schon wollten sie zum Speisesaal —
    Halt! schrie Signor Alzides
Mich dürstet, her die Flaschen all,
    Es lebe Zevs Kronidäs!
Die Sklaven währten sich, doch er
Schlug mit Kalbsknochen um sich her,
    Daß alle heulend liefen.

Dann leerte er die Flaschen aus,
    Zerschmieß sie an den Wänden,
Und lärmte, daß vom Freudenschmaus
    Mit allen seinen Ständen
Euristheus zürnend kam
Enormem insolentiam
    Dem Saufbold zu verweisen. —

Ja! fressen, saufen — das könnt ihr!
    Mein ist der Schweiß, die Früchte
Verzehret ihr, kaum zeigt man mir
    Die Schüßeln der Gerüchte.
Ihr macht euch über Siege groß,
Die ich erfocht, läßt nackt, und bloß
    Den Sieger fürstlich hungern.

D   Pah!

Pah! Diese Fürstphilosophie
    Verdanke euch der Teufel,
Mein Bauch ist Feind von Galantrie,
    Wär ich krepirt — kein Zweifel,
Ihr gäbet diesen Sieges Schmaus
Für eine Leichen = Mahlzeit aus,
    Und fräßet euch noch voller.

Ha! Das ist wahrlich schlecht gedacht!
    Geahndet — noch viel schlechter!
Ihr wärt ein Fürst? — Daß man nicht lacht!
    Bastard wohl, doch kein ächter!
Ein wahrer Fürst muß billig seyn,
Ihr aber rafft die Früchte ein,
    Und gähnet — wie ein Dompfaff.

Das war nun einmal gar zu wahr —
    Zu gröblich — wollt' ich sagen,
Denn Herkul war nicht Tafelnarr,
    Ein anderer soll's' wagen,
In seines Fürsten Angesicht
Die Wahrheit in dem eignen Licht
    En Negligeé zu zeigen. *

                           Habt

---

* Ist's nicht wunderlich? Wahrheit ist eine nackte Jungfrau, und doch will man sie an keinem Hofe dulden? Ja, wenn sie keine Jungfrau wäre. —

Habt acht! — Ein neuer Weiberkniff!
　　Schön, wie die Morgenröthe
Flog Iris her auf einen Pfiff
　　Aus Juno's Kabinette.
Sie stellte sich so kläglich an,
Als je ein Mädchen klagen kann,
　　Und weinte zwiebelmäßig. *

„Ich komme her vom Menalus — **
　　„Bin nur ein Hirtenmädchen —
Itzt schützt sie — Euristeus
　　Druckt ihr das weiche Pfötchen —
Potz Donnerwetter! Dieser Druck
Erweckte einen grausen Spuck
　　In Seiner Durchlaucht Kopfe.

Die Hand so weich — & cœtera —
　　Ein Hirtenmädchen wärst du? —
Nicht möglich — solche Reize sah —
　　Ich niemal, — was begehrst du? —
Sprich nur — und alles sey gewährt,
Was nur dein Herzchen je begehrt —
　　Wir werden drob schon einig.

---

* Brauchen unsere Frauenzimmer auch Zwiebeln zur Thränensuade? — O Nein! Sie weinen, wenn sie wollen, und wollen — wenn sie weinen.

** Ein Gebirg nahe an der Lernerpfütze im Peleponnes.

Mein Vater, fuhr sie schluchzend fort,
　　Ist Oberhirt im Haine,
Und führet da die ganze Hord
　　Der Nachbarschaft alleine
Nun aber hält den armen Tropf
Dianens Mißgunst bey dem Schopf,
　　Und schüttelt ihm erbärmlich.

Da schickt sie einen Hirschen her
　　Mit schnellen Silberfüßen,
Und goldnen Hörnern, stark und schwer,
　　Die Haut, wie das Gewissen
Der Richter, undurchdrünglich hart,
Die einzige in ihrer Art,
　　Die aller Kugeln spottet.

Am Gold der Hörner klebt das Blut
　　Von Menschen, und von Thieren,
Die er mit losgelaßner Wuth
　　Erwürgt, man will pariren,
Der Hirsche sey ein Zauberer,
Der sich als Oberstchicaneur
　　In diese Masque hüllte.

Der Reiche heult, der Arme girrt
　　Um die geraubten Rinder
Doch der ergrimmte Hirsche wird
　　Dadurch um nichts gelinder
Was er nicht morden kann, das quält
Er bis auf's liebe Blut, und stellt
　　Die Hoffnung auf den Pranger.

　　　　　　　　　　　Da

Da zaubert er die Bäume krum,
    Und macht aus ihnen Stecken,
Die schlagen nun mit Wuth herum.
    An Striem, und blauen Flecken
Ist in dem Land ein Ueberfluß,
Und jeder, der sie kriegt, der muß
    Die Schläge theuer zahlen.

Wenn sich ein Thier des Lebens freut
    Aus segenvoller Weyde,
Paff! wird zum Sumpf die schöne Weyd,
    Und seine Freud zum Leide;
Da steckt nun oft ein halbes Schock
Mit allen vieren in dem Stock,
    Wie Bauern vor dem Pfleghaus.

Und das verdammte Unglücksvieh
    Hat so behende Füße,
Daß selbst ein Adlerflügel nie
    Es einzuholen wisse.
Gesättigt rennet es fürbaß
Mit seinem Goldgeweih, wie das
    Gewissen eines Richters.

Sind Hörner der Gerechtigkeit,
    Sind Füsse des Gewissens,
Sprach Herkules, die Pfiffigkeit,
    Und Hahnreyschaft Ulissens
Hat jeden Richter zugegrinßt,
Wie man die Hörner mit Gewinnst
    Verleihn, und tragen solle.

                      Ulisses

Ulisses war gehörnt, als je
  Ein Hahnrey unterm Monde,
Gehörnt war auch Penelope
  So schwer sie tragen konnte;
Drum wenn Asträa Hörner kriegt,
So nimmt der Richter sie, und wiegt
  Sie auf der Goldes Wage.

Das Hirtenmädchen trocknete
  Noch immer ihre Zähren, *
Und unserm Fürsten polterte
  Das Herz — man konnt es hören,
Ganz Hymen war die Phantasie,
Ganz angefüllt vom Wunsche, sie
  Als ein Subjekt zu nützen.

„Fort! sprach er, pack dich Herkules!
  Zum Wald', und prüfe ferner
Dein Glücksgestirn, gelingt dir es,
  So schenk ich dir die Hörner,
Und auch die Füße obendrein,
Kurz, gut, der ganze Hirsch sey dein,
  „Wenn du ihn überwältigst.

Mein

---

* Weiberthränen! Wer euch die Mirakulosität abspricht, dem spreche ich die ächte Religion ab; ihr habt dem Männerwillen auf ewig den Stab gebrochen, euere willkührliche Säuere salzet das menschliche Leben bis zum Eckel.

Mein Fürst! ich diene nicht um Gold
    Und bin ein Feind der Hörner,
Nur Ruhm, und Ehre sind mein Sold,
    Ist gleich der Weg voll Dörner,
So trett ich ihn doch muthig an,
Doch euer Gouverniren kann
    Ich ganz und gar nicht leiden.

Ich bin doch euer Hofknecht nicht,
    Kann auch nicht krazfußiren.
Rund sag ich's euch ins Angesicht:
    Ich will den Spaß probiren,
Amtsminen aber, die sind mir,
So lang ich lebe, für und für
    Von jedem unerträglich."

Euristheus kehrt zum Schmaus
    Mit seiner Fee zurücke,
Und Herkul zog zur Fehde aus
    Mit Wildgestreiften Blicke.
Hin eilte er zum Menalus,
Und schwur beym Zevs, und Tartarus
    Den Quark zu konfisziren.

Wohin er kam, da zeigten sich
    Trophäen der Zerstörung,
Die weite Halde düngte sich
    Im Blute der Verheerung,

Doch

Doch das verdammte Teufelsvieh,
lief so, daß Atalanta nie *
   Die Wett gewonnen hätte.

Doch nein — die Hörner waren Gold,
      Was hemmt, das macht auch Füße,
Wer widerspricht, daß so ein Sold
      Ein Weib beflügeln müße?
Und wenn es gleich nur Hörner sind,
So, rennen sie doch, wie der Wind,
      Ja doch — sie hätt gewonnen.

Doch was das Gold beym Weibe thut
      Das wirkte bey Alziden
Der Nachdurst um vergoßnes Blut,
      Ihn konnte nichts ermüden,
Und wär das Vieh von Haberstroh,
So hätt er sich doch eben so
      Entsetzlich abgelaufen.

Schon

---

* Atalanta hatte die Gestalt eines Engels, und lief so schnell, daß sie über wallende Halmenfelder rannte, ohne die Spitzen einer Aehre zu berühren. Ihrem Ueberwinder im Wettlaufe bestimmte sie ihre Hand. Hippomenes wagte sich mit ihr in den Kampf, und ließ hinter sich im Laufe goldne Aepfel fallen, die Atalantens Flug hemmten, und ihm ihre Hand kuppelten. Selbst Junos Tempel war ihnen nicht zu heilig für die Praxis der Liebe. Die Milchweißarmigte verwandelte sie in Löwen.

Schon zog die Nacht am Horizont
  Herauf mit dunklem Schritte,
Schon zeigte der gehörnte Mond
  Sich an des Poles Mitte,
Als auf gut piribinkerisch *
Der Fürst nach abgeraumten Tisch
  Die Fe'bekrächseln wollte.

Nun that er sie im lichten Kleid
  Ins Kabinetchen führen,
Und wollt' ihr seine Zärtlichkeit
  Auf praktisch demonstriren,
Bald ward ihm kalt, bald wieder warm,
Schon hob er sie mit Kraft in Arm,
  Sie in der Luft — zu küßen.

Voll Feuer hielt er sie zur Höh',
  Voll Glut wollt er sie — Götter!
Die schlaue Fe' verwandelte
  Sich flugs, wie's Donnerwetter
In ein hochheiliges Brevier! —
Der Fürst macht Augen, wie ein Stier,
  Und nahm sich bey der Nase.

        Lang

---

* Prinz Piribinker ward von Feen aus der Wiege gestohlen, und von Bienen ernährt, statt Milch schlürft er immer Honig, so daß all sein Urin sich in Pomeranzenblüthenwasser verwandelte; alles, was er anfaßte, sogar sein Nachttopf wurde, als er eben Gebrauch davon machen wollte, in die reizende Fee metamorphosiret.

Lang stand er in Betäubung da,
　　Und käu't am Tolle, lege!
Das abbrevirte Mädchen sah
　　Er hint, und vorn, als läge
Wer weis nicht, was in seiner Hand —
Doch als er nichts, als Psalmen fand,
　　So warf er's in das Feuer.

Wenn unsre Pfarrer=Köchinnen
　　In gleichen Posituren
Sich in Breviers verwandelten,
　　Was wär das für ein Murren?
Da wünschen vice versa schier
Die meisten, daß sich ihr Brevier
　　Köchinisiren möchte.

Euristheus! gute Nacht! *
　　Du magst nun ruhig träumen;
Ich sehe, was Alzides macht.
　　O Muse, hilf mir reimen,
Sonst mach' ich sicher Panquerot,
Und laß ihn aller Welt zum Spott
　　Hol mich der Teufel! drucken.

　　　　　　　　　　Der

---

* Diese figürliche Transition habe ich aus
　dem Fastenexempel eines buschbärti=
　gen Kapuziner Predigers entnommen.

Der Sommer nahm das Vale schon
    Mit seinen Donnerwettern.
Der Herbst begann, den grünen Thron
    Der Nymphen zu entblättern,
Die Blätter schwammen gelb im Bach
Und neblicht rückte nach und nach
    Der Winter an die Stelle.

Ihm zeigte wohl der Schnee die Spur
    Von seines Gegners Füßen;
Er lief umsonst, bis wieder Flur,
    Und Au sich schmücken ließen,
Und tratt so manche Blume todt,
Die Signor Lenz — du lieber Gott! —
    Kaum angehauchet hatte.

Er kannte weder Rast noch Ruh,
    Und lief zwölf lange Monden
Par Force auf seine Beute zu,
    Wo je Beamten wohnten,
Sein ganzes Korpus war so heiß,
Daß von dem weggeflossnen Schweiß
    Dreyhundert Flüß entsprangen.

Die Sonne tratt schon in den Krebs,
    Die Hitze überraschte
Die Staaten, als der Helden Schöps
    Mit Zentner=Müh' erhaschte;
Er lief ein ganzes Jahr, und fieng
Das kolossal'sche Wunderding
    Bey einem Klosterrichter.

                        Nun

Nun packte er es grimmig an,
   Und schmettert es zur Erde,
Band's, nahm's auf seine Schultern dann,
   Und trug es ohn Gefährde
Zurück zur Fürsten=Residenz,
Es da mit aller Providenz
   Ganz zu anatomiren.

Da sah euch nun der Magen aus
   Gefüllt mit reichen Spenden
Als wie ein Küchen=Vorrathhaus
   Mit herrlichen Präsenten
Hier sah man den aktiven Stand
Asträens auf der hellen Gant
   Meistbietern feilgebothen.

Hier gieng die Exekution
   Mit reichen Taxen schwanger
Hier stand zur Satisfaktion
   Die Ehre auf dem Pranger,
Hier fand man Geigen, Stock und Block
Verdaut von Signor Pillardock
   Dem Advokaten=Teufel. *

Was

* Ein verfluchter Kerl, der Gold und Silber frißt, und lauter quasi, respective, und Perioden spert, lange lange Finger hat er, und eine unerschöpfliche Lunge; und wenn ihm manchmal etwas zu eng wird, so peitscht er die Gerechtigkeit in Wirbeln herum, wie Bauernsmädchen den Kreisel.

Was da noch mancherley erschien,*
    Kann ich genau nicht wissen,
Da ich nicht Regiſtrator bin,
    Und ſchreib ich es, ſo müßen
Die Folianten dicker ſeyn,
Als je ein Eichbaum in dem Hain,
    Wo unſer Hirſch amtirte.

En tantæ molis erat, das
    Gewiſſen eines Richters
Zu zwingen, doch wenn Satanas
    Des itzigen Gelichters
Spitzbübereyen in Perſon
Erlaufen müßte, hätt er ſchon
    Manch tauſend Jahr zu ſchwitzen.**

---

* Man ſagt, es ſeyen auch überflüßige Heurathsquittungen mitunter geweſen.

** Die Edlen haben in dieſem Buche ihre Immunitätsrechte; die Unedlen — brauchen weiter keine Note mehr.

Fünftes Buch.

Wie Herkules im Erimanth einen Eber erlegen, und den Ochsenstall des Königs Auginas säubern thät.

Der Fürst, die Zeitung in der Hand,
    Schmaucht' eine Knasterpfeife,
Und las, wie in dem Erimanth
    Ein grosser Eber streifte,
Deß Fanger auf zehn Meilen blitzt,
Und immer Menschenbäuche schlitzt,
    Als wär's nur blosse Kurzweil.

An Borsten starrt das Blut, wie Pech,
    Die Aeuglein funkeln gräulich,
Und dennoch trägt er das Gepräg
    Des Rufs, als wär er heilig.
Er straft Geberden, Werk, und Wort
Ohn' allem Unterschied mit Mord,
    Und Blutdampf ist ihm Wohlduft.

Der Eber, den Franz Borgias
    Einst auf der Jagd beschützte,
War gegen diesen nur ein Spaß.
    Das Blut, das er verspritzte,
Floß nur für Sankt Dominikus,
Und diesem Inquisitor muß
    Der Lojolist doch weichen.

Die Glaubens Sekten alle drückt
　　Er mit dem Herrscher Rechte
Gewalt; doch reitzt der Priester nicht,
　　Und nicht die Henkersknechte;
Zentauern sind sie, halb ein Vieh,
Und halb ein Mensch, doch decken sie
　　Das Vieh mit langen Kutten.

Der ganze Erimanthus dampft
　　Von Leichen und vom Blute,
Des Todes letzte Zückung krampft
　　Im Scheiterhaufen Schutte;
Denn wenn der grosse Eber grunzt,
So fliegt schnell eine Feuersbrunst
　　Aus den Zentauerhänden.

Im Nachtrag dieser Zeitung stand,
　　Daß nach dem Lauf der Jahre
Ein schon bestimmter Festtagsbraud
　　Solenn zum Monde fahre,
Bey diesem Blut = und Flammenbad
Frohlock' dann Sankt Hermandad,
　　So heiße dieser Eber.

Euristheus schlug ein Kreuz,
　　Und bebt an allen Vieren,
Er fand verzweifelt wenig Reiz
　　An diesen Konvertiren,
Denn, unter uns geredt, er war
Ein Freygeist, und der arme Narr
　　Glaubt' wirklich schon zu braten.

　　　　　　　　　　Ein

Ein Fürst muß reisen, dacht er sich,
    Und dann — man kann nicht wissen,
Ob nicht Fortuna wohl auch mich
    Zum braten, oder spießen
Bestimmt — will gleich den Herkules
Hinschicken, und mißlingt ihm es —
    Was liegt an einem Diener?

Drauf klingelt er, und Herkules
    Tratt ein. — Auf! Herkul! wage
Dich fort, im Erimanth geht es,
    Als wie am jüngsten Tage,
Ein grosser Eber fulminirt
Daselbst, und mit ihm rebellirt
    Ein ganzes Heer Zentauern.

„Ist doch verdammt! So hat man ja
    Sein Leben lang zu raufen!
Bin nach dem lumpen Hirschen da
    Ein ganzes Jahr gelaufen!
Itzt soll' ich eine Klerisey
Zentauern — meynt ihr denn, ich sey
    Nur bloß für euch gebohren?

Nun kam ein Stral von Junos Macht
    In Euristheus Blicke.
Alzides gieng, mit einer Nacht
    Auf seiner Stirn, zurücke:
Will gehen, sprach er, und den Mist
Befehden, aber, daß ihr's wißt,
    Das Wildpret freß' ich selber.

Er

Er gieng, und rüstete sich nun
    Mit seiner Eisenkeule,
Um sicherer den Griff zu thun,
    Nahm er auch seine Pfeile,
Und wollte hin zum Erimanth,
Doch als er sich geblndert fand
    So fieng er an zu fluchen.

Ein rascher Regen stürzte her
    In ganzen Wasserfluten,
In einer Stund ward Erde Meer,
    Aeoliens Rekrouten
Begannen's Exerzitium,
Und in dem ganzen Land herum
    Sah man nur Wogentänze.

Hier schwamm ein dicker Reichsprälat
    Auf einem Moßlerfaße,
Da flucht ein rauschiger Soldat
    Mit leerem Brandweinglase,
Dort rudelt ein betagtes Weib
Die sieben Schloß, um Seel, und Leib
    Dem Teufel zu verammeln.

Hier zappelt eines Fräuleins Hand
    Auf schwimmenden Romanen,
Dort rennen Stern, und Ordensband
    Daher in Kindes Wannen,
Hier schwimmen Hosen, und Salopp
Da eine Galantrie Gard'rob,
    Und dort Mannheimer Hauben.

Empfindler faseln zitternd her
    Auf Menschheits Folianten.
Ein ganzes Journalistenheer,
    Ein Schwarm von Pasquillanten,
Und Zeitungsschreibern obendrein
Schrey'n in den lauten Wind hinein:
    Mözen! Erbarm dich unser!

Ein wohlerfahrner Medikus
    Spornt einen Podagrener
Zum Pferd, der arme Teufel muß
    Sich scheren, wie ein Renner,
Auf seinem Fürsten sitzt der Rath,
Und Casus reservatos hat
    Ein Bischof zu dem Pferde.

Da schwimmt ein magrer Rezensent
    Daher auf einem Esel,
Und hier taktirt ein Korrigent
    In einem Biersudkessel,
Dort plärrt ein nasser Emerit,
Aus vollgestopften Rachen, mit
    Drey Stieren in die Wette.

Auf seinem Korpus Juris sitzt
    Ein ausgedorrter Richter,
Und mit rastlosen Händen spritzt
    Ein hungeriger Dichter
(Was er im Trocknen oft gethan)
Verderbtes Wasser himmelan;
    An ihres Kutschers Stiefel

                              Hängt

Hängt die Frau Gräfinn zappelnd sich,
 Zween faiste Klosterbrüder
Sehn ihn, und drücken priesterlich
 Mit aller Kraft ihn nieder,
Ein Missionskreuz in der Hand
Schwimmt Pater Gaßner an das Land,
 Und exorzirt das Wasser.

Alzides lächelte beynah,
 Als er die Herren alle
En Negligée so schwimmen sah
 Im weiten Eselstalle.
Trotz diesem Wasser gieng er doch,
Es war ja nur drey Klafter hoch,
 Gemächlich seiner Wege,

Ein junger, munterer Travestant
 Hieng sich an seine Keule,
Als Herkules im Trocknen stand
 Entschwang er sich in Eile,
Froh dankte er dem edlen Held
Für seine Rettung, gab ihm Geld,
 Und blieb am Berge sitzen.

Doch Herkules gieng rüstig fort,
 Sein Haar durchpfiffen Stürme,
Da zeigten in der Ferne dort
 Sich ihm zween Klosterthürme.
Er eilte rastlos, und gieng schnur-
Gerade in die Prälatur,
 Und sagt', er sey Gesandter.

Von welchem Reiches Fürsten? fragt
    Herr Pholus der Zentauer,
Vom Fürsten zu Mizene, sagt
    Der Held, ich soll die Hauer
Des Ebers brechen, der sich hier
Sein rebellirendes Quartier
    Vor kurzem aufgeschlagen.

Abbt Pholus lächelte, und schwieg;
    Den Helden auszuspähen,
Ließ er vom tiefsten Keller sich
    Mit Malaka versehen;
Alzides zechte wacker mit,
Und nahm totaliter durchglüht
    Das Wort in diesem Tone:

„Den Wein habt ihr mit Blut erkauft,
    Habt Menschen ausgeplündert,
Und dann gebraten, und nun sauft
    Ihr dessen ungehindert
Den Seelen auf gut Wohlseyn zu,
Und wölbet euch in fauler Ruh
    Die allerschönsten Mastbäuch.

Dieß Schurkennest hier soll man ja
    Ohn' alle Rücksicht schleifen,
Und all die weißen Habichts da
    In Kloacken ersäufen.
Herunter mit den Kutten all,
Man kann damit auf jeden Fall
    Ein Regiment mountiren.

Wer gab euch's Privilegium
   Die Menschen zu verbrennen?
Dieß Mördermonopolium
   Religion zu nennen?
Habt ihr's vom Sankt Dominikus,
So sag ich euch der Teufel muß,
   Ihm längst die Ohren fegen.

Der Abbt sprach ein Anathema
   Mit aufgehobnen Händen,
Als unser Held den Lichtstrahl sah
   Von hundert Feuerbränden.
Zentauern führten mit Geplärr
Den jungen Travestanten her,
   Ihn heiliglich zu braten.

Er stack im Sanbenitten Kleid
   Mit einer Teufels Kappe,
Und dacht an nichts, als Ewigkeit,
   Als wie ein Aalatrappe,
Der Eber fieng zu grunzen an,
Und in dem Augenblick begann
   Ein Scheiterstoß zu lodern.

Alzides warf nun von der Höh
   Den Abbten durch das Fenster,
Und eilte zum Auto da Fe
   Der heil'gen Menschenwänster,
Er schoß mit Hydra Pfeilen drein,
Statt dem Choral klang's Zeterschreyn
   Sebastianisirter.

Da

Da lagen sie zu dutzenden,
Und heulten — fluchten — starben.
Alzides häuft die Sterbenden,
Wie Schnitter ihre Garben:
Komm du, mein junger Travestant,
Und nimm dir einen Feuerbrand,
Wir wollen an das Raubnest.

So sprach er, doch kaum wand er sich,
So sah er Hauer blitzen,
Der Eber drohte grausiglich,
Den Bauch ihm aufzuschlitzen. —
Er aber faßte ihn beym Ohr,
Und trug ihn bis an's Klosterthor,
Wo Pholus der Prälat lag.

Hier brach er ihm die Hauer aus,
Und schlitzt den Bauch des Todten,
Zog seine fetten Därm heraus,
Und band das Schwein in Knotten;
Den Stricke fand Alzides nicht,
Da mußte nun der arme Wicht
Statt ihrer Därme leihen.

Den entdarmirten Pholus grub
Er in des Berges Höhlen,
Da hört er in der Felsenklubb
Das Rächeln armer Seelen,
Halbtodte Seufzer winselten,
Und schwere Ketten polterten
Dem Helden dumpf zu Ohren.

Was?

Was? Daß mich nicht der Teufel hol!
 Ist etwa gar die Hölle,
Die der gelehrte Doktor Kohl
 Erfand an dieser Stelle?
Rasch nahm er seine Keul zur Hand,
Und schlug die dicke Felsenwand
 Im Grimme von einander.

Nun stand ein eisern Gitterthor
 Vor ihm mit starken Riegeln,
Und hundert grosse Schlösser vor,
 Er griff nach beeden Flügeln,
Und riß sie donnerhallend auf,
Zerschmettert sie, und wagte drauf
 Den Einfall in die Höhle.

Hier stieg die Pest im Dampf heraus
 Vermengt vom Gift der Kröten,
Und dumpfes Aechzen scholl, o Graus!
 Beym Rasseln starker Ketten.
Die Sonne stahl durch Ritzen sich,
Und wies Alziden schauderlich
 Die Schrecken eines Kerkers.

Die Seitenwände regneten
 Den Schweiß in kalten Güßen,
Und dicke Kröten wimmelten
 Zu unsers Helden Füßen,
Doch hat er noch zu wenig Licht,
Der eingekerkerten Gesicht
 Entscheidend zu erkennen.

Er

Er riß den kleinen Gitterstock
 Weg von der dicken Mauer,
Und mit dem Stocke rollte noch
 Ein ganzer Zieg'lschauer
In diesen Jammerthurm herab,
Und Licht ward in dem tiefen Grab
 Im finstern Sitz der Eulen.

Da sah er mit erstarrten Blick
 Die Opfer dieser Seuchen
Geschmiedet an ein Felsenstück,
 Und gräßlich bleich, wie Leichen.
In einem Schlam von Unrath stack
Ein jeder, itzt nahm er Towack,
 Denn es stank pestialisch.

Wenn Gräber ihre Todten speyn,
 So kann ihr Antlitz nimmer
So grausig, blaß, und hager seyn
 Todt war im Aug der Schimmer,
Die Knochen ragten dürr empor,
Und lange Bärte sahn hervor,
 Gefüllt mit Ungeziefer.

Der Hunger, und die Krankheit sprach
 Aus ihren Angesichtern,
Die Ketten rieben nach, und nach
 Mit beißenden Gewichtern
Die tiefsten Wunden in das Fleisch,
Die Kehle war vom Röcheln heisch,
 Die Füße aufgeschwollen.

„Wer

„Wer seyd ihr Grabfiguren da?
    Sprecht! Menschen, oder Geister?
Ach! Menschen! ächzten sie, nun sah
    Der dicke Kerkermeister
Zu dem zerworfnen Thor herein,
Und fragte fluchend, was für ein
    Erzketzer dieses wagte.

Schnell griff Alzides ihn beym Schopf,
    Riß ihn herein, und schmettert
Ihm an der Felsenwand den Kopf:
    „Der hat nun ausgewettert,
Sprach er, brach den Gefangenen
Die Fessel, die Geretteten
    Entstiegen dem Begräbniß.

Der junge freye Travestant,
    Der vor dem grossen Eber
Bisher am Wacheposten stand,
    Glaubt' actu, daß die Gräber
Per extraordinarium
Dominici Miraculum
    Zum Brechen eingenommen.

So stieg bey Christi Himmelfahrt
    Die Schaar der heil'gen Väter
Mit langem Kapuzinerbart
    Hinauf zum Sitz der Götter
Aus Grüften, Vorhöll einst genannt
Wo itzt, wie Kochem es erfand,
    Das Fegefeuer prasselt.

Der

Der Klosterbader mußte schnell
    Die Bärtigen rasiren,
Und Herkules gab den Befehl,
    In jedem Loch zu spühren,
Und alle Viktualien
Zur Labung der Gefangenen
    In die Abtey zu bringen.

Der Travestant stieg nun geschwind
    Die Treppe in den Keller,
Denn daß die Dichter durstig sind,
    Weiß jeder Schriftensteller,
Die andern suchten Speisen auf,
Und trugen sie mit schnellem Lauf
    In das Prälatenzimmer.

Alzides saß nun oben an,
    Der Eber lag gebunden
Bey seiner Keule, Mann für Mann
    Saß jeder, sie begunten
Zu schmausen, daß die Zeit vergeht,
Sprach er, ihr Freunde, so gesteht
    Warum man euch gefangen.

Ich habe, sprach ein junger Mann
    Ein kleines Werk geschrieben,
Das keinen Mißbrauch dulden kann,
    Da hat man mich beschieden
In's Kloster zur Defension,
Doch hörte man mich nicht und schon
    Sitz' ich im dritten Jahre.

Du

Du thatest recht, sprach Herkules,
    Mißbräuche soll man heben,
Schreib immer, ich erlaub dir es,
    Doch laß in deinem Leben
Den frechen-Pasquillantenstyl
Im Schreiben weg, er taugt nicht viel,
    Sag Wahrheit, wie du's findest.

Ich hatte, sprach ein anderer,
    Das Mönchenthum zergliedert,
Vom Zölibat gesagt, daß er
    Nur den Beruf erniedert,
Doch hat man mich auch ungehört
In jenes finstre Loch gesperrt
    Schon vor fünf ganzen Jahren.

Schreib du nur zu, und laß die Welt
    Dir deinen Buckel küssen
Wer dich für einen Ketzer hält,
    Muß auch nicht alles wissen;
Den Mönche sind zum voraus schon
Bey unserer Religion
    Kein nöth'ges Requisitum.

Ein dritter sprach: Ich unterstand
    Mich einst vor einem Pfaffen
Nicht gleich mit untergebner Hand
    An meinen Hut zu klaffen,
Man fieng mich ob dem Firlefanz,
Fand bey mir keinen Rosenkranz,
    Acht Jahr sitz' ich als Ketzer.

Ey das ist wahrlich nicht erlaubt,
　　Man ist oft in Gedanken,
Und mancher der Hochwürd'gen glaubt,
　　Er dürfe gar nicht danken.
Die Rüge von dem Rosenkranz
Beweißt, daß man ein Nichts oft ganz
　　Und gar verketzern könne.

Der vierte sagt: Ich hatt ein Weib,
　　Als wenige ein's hatten,
Zu seinem losen Zeitvertreib
　　Gefiel sie dem Prälaten,
Die Eifersucht empörte sich,
Ich sprach: Ich hätt ein Weib für mich—
　　Plumpf stack ich in dem Loche.

Nun lachte überlaut der Held,
　　Bald wär sein Bauch zersprungen:
Ja ja, so geht es in der Welt,
　　Hat kein' Versuch gelungen,
So stecket man die Männer ein,
Läßt sich's beym Weibchen kreuzwohl seyn,
　　Gott segne dann die Hörner!

Ein fünfter nahm der Rede Schnur:
　　Ich wäre frey geblieben,
Hätt ich in meinem Leben nur
　　Nicht ein Journal geschrieben;
All das, was mir geschrieben ward,
Zwang mich der Hunger ungespart
　　In das Journal zurücken.

Was

Was sagst du da? Ein Journalist?
　　O! Recht ist dir geschehen!
Denn so ein Rindvieh, wie du bist,
　　Darf wohl im Zuchthaus stehen;
Ihr sammelt Lügen um euch her,
Und laßt auf Kösten fremder Ehr'
　　Ohn' Unterschied sie drucken.

Ihr schreibt für eure Bäuche nur,
　　Sorgt nur für euer Fressen,
Bey euch sind Menschlichkeit, Natur,
　　Und Pflicht, und Ehr' vergessen,
Zum Lügen seyd ihr selbst zu dumm,
Und flickt nur ein Epithetum
　　Oft hie, und da zur Lüge.

Fort! Packe dich hinweg von mir,
　　Du bist mir schon zuwider,
Dein ganzes Wesen ist Pröschur',
　　Du schluckst, und speyst sie wieder,
Und tischest sie dem Publikum
Dann auf, ich selber wäre drum
　　Vor dir, weis Gott! nicht sicher.

Der tiefbeschämte Journalist
　　Schlich traurig zu der Thüre
Hinaus, verfluchte allen Mist
　　Verdorbener Papiere,
Und schlenzte weit herum im Land,
Bis er vakante Stelle fand
　　Bey einem Prokurator.

Und

Und so erzählte jeder die
　　Geschichte seiner Leiden,
Und Herkules belohnte sie
　　Mit Schmaus, und Wein, und Freuden,
Man soff sein Vivat feyerlich,
Und mancher Gast sah schon vor sich
　　Den ganzen Speißsaal schwimmen.

Die Keller wurden alle rein
　　Entfäßert, und die Kassen
Geleert und in den Ställen kein
　　Stück Vieh zurück gelassen.
Da alles nun geplündert war
Rief Herkul seiner ganzen Schaar
　　Allons! Umringt das Kloster!

Nehm jeder einen Feuerbrand
　　Aus jenem Scheiterstoße,
Und schleudre mit geschickter Hand
　　Ihn nach dem Räuberschlosse.
Sie giengen fort, gesagt, gethan,
Und zündeten das Kloster an
　　An vier und zwanzig Ecken.

In einer halben Viertelstund
　　Staub's da in lohen Flammen
Lautprasselnd, Kirchenkuppel, und
　　Der Dachstuhl roll' zusammen,
Und polterte zur Erd herab,
Und dieser gräle Einsturz gab
　　Den Flammen lose Freyheit.

　　　　　　　　　　　Wenn

Wenn Vesuvs rasche Feuerfluth
    Dem Donnerschlund entrasselt,
Und seines Lavastromes Glut
    Auf viele Meilen prasselt,
So färbet sich der Pol nicht so
Mit Flammenwolken Lichterloh,
    Wie hier beym Klosterbrande.

Ein Schwall von dicken Rauch entquoll
    In grossen Wolkenwogen
Des Bandes offnem Schlund, und schwoll
    Vom Glutenstreif durchflogen
Empor, wie eine Wetternacht,
Und feurige Zerstörung kracht
    Im hohlen Bauch der Thürme.

Die Flammen luckten wild heraus
    Durch die zerschmolznen Fenster,
Und drunter scholl das Windgebraus
    Mit Stimmen der Gespenster,
Und weht die Gluten himmelan,
Daß Luft, und Strom, und Erde brann
    Im Wiederschein der Leuchten.

Der Held nimmt die Zentauern her,
    Die todt im Felde lagen,
Und wirft sie in das Flammenmeer,
    Die Feuerwogen schlagen,
Im Strom, wie schmelzendes Metall
Her über eines jeden Fall,
    Sie blitzschnell zu verzehren.———

Aufs allerfeyerlichste wird
     Hier wider — Iner — Aner,
Und Mißverständniß protestirt,
     Denn der Dominikaner
Hat ja so keine Prälatur,
Ich meynte die Zentauern nur,
     Nicht Inquisitionen.

Des bloßen Reimes wegen stand
     Die Hermandad im Spiele,
Die Burg wird Prälatur genannt,
     Daß sie den Vers erfülle,
Und auch das Kloster steht hier bloß
Der Sylben wegen statt dem Schloß,
     Weil dieses Wort zu kurz ist.

Dieß sag' ich per Parenthesin,
     Ein offenes Bekenntniß,
Zu zeigen, daß ich christlich bin,
     Sonst könnt' ein Mißverständniß
Dem unparthey'schen Herkules
Vielleicht wohl gar ein lästiges
     Claudatur drunter machen.

Alzides nahm den Eber nun
     Auf seinen breiten Rücken,
Mit ihm, denn was war sonst zu thun?
     Den Fürstenschmaus zu spicken,
Die Hauer nahm der Travestant,
Die ihm der Held gern zugestand,
     Um sein Papier zu glätten.

Die Fäßer waren nun bereit
    Auf Wägen aufgeladen,
Herkul vertheilte allerseits
    Das Reisegeld in Gnaden,
Schon wurde rüstig eingespannt,
Und jedermann bezog das Land,
    Wo er einst hergekommen.

Sankt Jupiter gieng eben in
    Der Blumallee spatzieren,
Sah unter sich die Wolken glühn,
    Und dänisch paradiren,
Ich merk' es wohl, dacht' er bey sich,
Alzid mein Sohn beehret mich
    Mit einem Feuerwerke.

Der Tag war heiter; nicht so schön
    War seiner Gottheit Laune,
Er zürnte ob Arkadien,
    Das ihn bey einem Faune
Im hohen Jubelfest vergißt,
Pans Statue baufällig läßt,
    Und seiner gar nicht denket.

Die Hirtenschaaren feyerten
    Geschmückt mit Rosenkränzen
Im Arme ihrer Hirtinnen
    Das Fest mit Freudentänzen,
Erst sangen sie die Litaney
Des Pan, dann flog der Tag vorbey
    In Tanz, Musik, und Scherzen.

F   Deß

Des war der Donnerer nun müd,
　　Denn diese Gaukeleyen,
Wenn man vor einem Bilde kniet
　　In Großandächtlereyen,
Und bey dem Opfer den vergißt,
Der Oberster im Himmel ist,
　　Behagten ihm sehr wenig.

Schnell schickte er den Merkur hin,
　　Das Bildniß wegzunehmen:
Will zeigen, daß ich Donnrer bin,
　　Sprach er, man soll sich schämen
Ob einer solchen Menschenzunft,
Die trotz dem Lichte der Vernunft
　　Doch für ein Sinnbild eifert.

Sind meiner Tempeln nicht genug
　　Im ganzen Erdenkreise? —
Schon eilte Merkurs Adlerflug
　　Zum Ziele seiner Reise;
Als Diener höchster Polizey
Kam er, der Hirten Freudgeschrey
　　Ein bischen abzustutzen.

Doch legt er kaum die Hand an's Bild
　　Als schon die größten Prügeln
Der Hirten fromme Hand gefüllt,
　　Die Polizey zu siegeln.
Sie stürzten wild auf ihn herein,
Und: Ketzer! scholl's im Zeterschrey'n,
　　Die Steine flogen eifrig.

　　　　　　　　　　　Doch,

Doch, wie den Pöbel selbst ein Gott
    In Wuth nie wird bezähmen,
So mußte er mit Schand, und Spott
    Das Fersengeld schon nehmen;
Den Aufruhr sah nun Jupiter
Im Zorn, und Erde, Luft, und Meer
    Erlagen seinem Grimme.

Rasch krachten tausend Donner los,
    Und Blitze flogen drunter,
Und aus der Wetternächte Schoos
    Rollt' schwerer Fluch herunter,
Die Götter leerten mit Gebrauß
Ein jeder seinen Nachttopf aus,
    Die Eselsköpf zu waschen.

Ein Wetterstral zerschlug den Pan
    In hundert tausend Stücke,
In jede Hütte brachte man
    Ein Göttertum zurücke,
Und faßte die Reliquien
Mit Schmuck, und Perlen wunderschön
    In goldnen Tabernackeln.

O weh! seufzt manches alte Weib,
    Sind das nicht böse Zeiten?
Man will uns noch mit Seel und Leib
    Zur Ketzerey verleiten!
Mirakulöse Bilder setzt
Man ab, und machet uns zuletzt,
    Gott sey bey uns! noch luthrisch!

Gewiß

Gewieß wird keine kleine Straf
  Das Land dafür belegen,
Man sieht's ja, denn das Wetter traf
  Das Bild nur dessentwegen,
Weil eine weise Polizey
Mit ganz unweiser Hand zu frey
  Sich an dem Gott vergriffen!

So seufzt sie bitterlich, da träuft
  Ihr eine saure Thräne
Vom rothgezerrten Aug, und läuft
  Durch ihre weiland Zähne
Herab im runzlichten Kanal,
Passirt die rauhen Wärzen all,
  Und stirbt im spitz'gen Kinne:

Indessen gieng's ganz anderst zu
  In Juno's Kabinette,
Alekto hatte keine Ruh
  In ihrem Natternbette,
Denn die Zentauern schmerzten sie
So heftig, daß sie schnell, als wie
  Ein Blitz der Rache auffuhr.

Hin flog sie zu der Residenz
  Der Juno, und begehrte
Auf ein paar Worte Audienz,
  Die man ihr gleich gewährte:
Ach! rief sie, Götter=Königinn!
So tief, als ich beleidigt bin,
  War niemand je beleidigt.

Der

Der Bube, den dein Herr Gemahl
　　Zu Thebe fabrizirte,
Hat mir, o denk dir meine Qual!
　　Erst gestern meine Zierde
Den Eber in dem Erimanth
Gefangen, und die Burg verbrannt,
　　Gemordet meine Kinder.

Bey vierzig der Zentauern hat
　　Der Wildfang todtgepfeilet,
Sie lagen, wie die Schlachtensaat,
　　Herum, wie sie geheulet,
Hört' ich in meinem tiefsten Thurm
Trotz dem empörten Höllensturm
　　Hinunter, weh mir Armen!

Schaff' meine Kinder wieder her,
　　Wo nicht — so komm, und räche
Sie blutig! — Hier ist Mordgewehr,
　　Hier Schlangen — auf! und steche
Die Tygerbrut im Grimme todt,
Sein Leben ist für dich nur Spott,
　　Nur Schimpf für deine Hörner!

Die Vipper gift'ger Eifersucht
　　Soll dich dafür belohnen,
Ich schenk sie dir. — Dein Gatte sucht
　　In allen Himmels Zonen,
Hast du sie ihm nur beygebracht,
Die Ruh' mit aller seiner Macht —
　　Ich schwör' es dir — vergebens.

　　　　　　　　　　So

So sprach sie, und der hohle Grimm
  Grißgrammt von ihren Zähnen,
Die Schlangen zischten ungestüm
  Von ihrem Haupt, und Thränen
Entfielen heiß, wie Schmelzmetall
Dem Aug, das funkelnd überall
  Im Feuerstreif sich wälzte,

So stand einst Mephistophiles
  Vorm Doktor Faust, und glühte,
Als er beym Kruzifix, um es
  Zu küßen, niederkniete;
Sein Fauste! Fauste! praepara
Te! scholl aus seinem Munde da
  Mit Frankreichs Stimmsardinchen.

Frau Juno brannte zornig auf
  Mit allem Weiberfeuer,
Die Galle goß sich grün herauf,
  Und guckte durch den Schleyer;
So standen die zwo Furien
Laut tobend an des Himmels Höh'n,
  Und spien der Welt in's Antlitz.

Nun klingelte Frau Jupitrin,
  Und Iris kam geschwinde:
Rutsch eilig nach Mizene hin
  Auf einem leichten Winde,
Und sag dem Fürsten, er soll gleich
In das Elider Königreich
  Den Herkules verschicken.

Daß er den großen Ochsenstall
 Des Augias purgire,
Und den steinalten Dreck einmal
 Aus seinem Reich larirte,
Es stinkt ja doch mein Kabinet
Wie ein beschmiertes Wochenbett
 Vom Dampfe dieses Mistes:

Die Zofe eilte förderlich
 Die Erde zu erreichen,
Nahm ihren Wangenlack mit sich
 Ihr Gsichchen zu bestreichen,
Doch war das Wetter regnerisch,
Und sie ließ einen langen Wisch
 Von Farben in den Lüften.

Alekto war nicht ganz vergnügt
 Mit dieser leichten Rache,
Doch an der Kuyonade liegt
 Der Juno ganze Sache,
Denn, sprach sie, ist er einmal todt,
So wird er frey von aller Noth,
 Und meinen Schabernacken.

Die Furie tratt ab, und flog
 In eine Luftperücke
Gehüllt hinunter in das Loch
 Wo mit der trägen Krücke
Die Ewigkeit in Nächten schleicht,
Kaum hatte sie den Thurm erreicht
 So sah sie schon Zentauern.

Auch

Auch war die Zofe Iris schon
  Auf einem Farbenbogen
Vom Hofe weg zu Junos Thron
  Im Glanze aufgeflogen,
Und brachte treulichen Rapport
Von dem Geschäfte, Wort für Wort,
  Die Göttinn war zufrieden.

Der wackre Herkules marschirt
  Mit seinem grossen Eber
Daher im Schweiß, und refizirt
  Mit Wein die trockne Leber,
Drey Fässer hat er schon geleert,
Als ihm der hydrische Gefährt
  Jolaus in den Weg kame.

Des freute nun Alzides sich,
  Sie tranken ein paar Fässer
Auf gutes Wohlseyn brüderlich,
  Die Lust war immer grösser,
Bis sie mit einemmale wich,
Als Herkules von neuem sich
  Zum Marsch beordern hörte.

Jolaus rüttelt ihm die Gall
  Mit fürstlichem Gebothe,
Daß er den grossen Ochsenstall
  Des Augias vom Kothe
Das manch Jahrhundert unpurgirt
Sich von dreytausend kolligirt,
  Purifiziren solle.

Ey fällt ihm sonst wohl nichts mehr ein
Dem jungen Pfottenlecker?
Ich pfeif' in seinen Dienst hinein,
Sag ihm's, trag diesen Bäcker
Geschwinde hin an seinen Hof,
Und sag ihm's in's Gesicht dem Schnof:
Er hat mir nichts zu schaffen!

Und wenn er einen Narren will,
Laß' er sich einen malen,
Und treibe dann mit dem sein Spiel,
Sag's, thu mir den Gefallen,
Er kann befehlen, groß, und viel,
Und ich gehorchen, wenn ich will,
Sag' ihm's dem jungen Lecker! —

Ereifre dich nicht, Herkules!
Gieb dich, zieh hin, und höre,
Dieß große Werk, gelingt dir es,
Macht dir nicht wenig Ehre!
Unsterblich macht es dich, und sieh,
Wenn du es ausgeführt hast, wie
Dich alle fürchten werden. —

Jolaus! Hier ist meine Hand!
Zu meiner eignen Ehre
Wag ich den Spaß, es ist nur Tand,
Ich folge dir, doch höre,
Fällt ihm was neues wieder ein,
So laß ich Arbeit Arbeit seyn,
Und zeig ihm eine Feige.

So sprach der Held, gab ihm das Schwein,
　　Und rüstet sich zur Reise,
Und trank noch ein paar Fäßer Wein;
　　Beströmt von sauerm Schweiße
Trug nun Jolaus seine Last,
Macht alle Viertelstunde Rast,
　　Der Eber wog acht Zentner.

Jolaus war ein dicker Mann,
　　Hatt' Augen, groß, wie Stiere,
Ein steifes Bockshirn obenan,
　　Und drunter die Broschüre
Von einer Nase, dick, voll Ruß,
Und Fihnen, wie Repuzius.
　　Ein Maul bis an die Ohren,

Und einen kurzen, dicken Hals,
　　Die eine Schulter ragte
Wohl um zween Schuhe höher, als
　　Die linke, niemand wagte
Sich nahe an den dicken Bauch,
Er schlottert' wie ein Wasserschlauch,
　　Und drohte zu zerplatzen.

Die Beine waren wohl so dick,
　　Wie starke Eichenklöße,
Der eine Vorfuß stand zurück
　　In eines Fasses Größe,
So hinkt' er fort, und schleppte sich
Mit seinem Eber kümmerlich
　　Zur Residenz zurücke.

　　　　　　　　　　　Alzi-

Alzides richtete sich auf,
 Und setzte seine Reise
Mit unermüdet schnellen Lauf,
 Und einem Meer von Schweiße
Fort durch Neapel, Amsterdam,
Pfaffmünster, Pogen, Rotterdam,
 Venedig, und Pfalzbaiern.

In dem berühmten Riesenwald
 Zunächst bey Koppenhagen
Verlohr er seinen Pfad und bald
 Zerbrachen seine Wagen,
Die Fäßer riß ein Waldstrom weg
Die Nacht war dick, und schwarz, wie Pech,
 Auf Brod konnt man sie streichen.

Da sah er in der Ferne Licht,
 Und gieng mit Riesenschritten
Drauf zu, doch wie erstaunt er nicht,
 Als Feuermänner stritten,
Kobolte durch, und durch von Glut
Bekämpften sich mit grauser Wuth,
 Ihr Rütteln sprühte Funken.

Wild griffen sie sich nach dem Schopf,
 Und ihre Flamperüquen
Am lichten Feuerwerkerkopf
 Zerflogen rund in Stücken;
Bald sprangen sie vier Klafter hoch,
Und streiften brennend, lichterloh
 Wie Blitze durch die Lüfte.

Oft

Oft warfen sie Kranaten aus
 Gleich fallenden Kometen,
Und spien durch das Windgebraus
 Glutstreifende Raqueten:
Dann zündeten sie Mann für Mann
Den Rauchtoback mit Fingern an,
 Und schmauchten rothe Flammen.

Azides kehrte seinen Lauf
 Rechtsum, wo Schein der Fenster
Ein Schloß verrieth, er eilte drauf
 Hinzu, ließ die Gespenster
Bey dem illuminirten Tanz
Zu Ruh' zurück, und folgte ganz
 Geschwinde seiner Nase.

Kaum tratt er in das Schloß hinein,
 Als er bey einem Mahle
Mit Speisen, und Tockajerwein
 Empfangen ward, und alle
Großzauberer, und Hexinnen
Auf einem Saale wunderschön
 In-Kompagnie erblickte.

Er fraß trotz ihrer zehne drauf
 Und ließ sich's weidlich schmecken,
Kaum stunden sie vom Mahle auf,
 Die Tafel abzudecken,
Als schon Musik, und Contretanz
Begann, und alle einen Kranz
 Um unsern Helden schlossen.

Er

Er, selber tanzte keinen Schritt,
    Und wollte Abschied nehmen,
Als sie ihn bathen, sich zum Ritt
    Der Gabel zu bequemen.
Ey warum nicht? sprach er, auch das!
Gleich reitt' ich hin zum Augias,
    Es geht ja weit geschwinder.

Er machte weiter nicht viel Wort,
    Und setzte sich zu Pferde,
Husch war die Gabel mit ihm fort,
    Thurmhoch weg von der Erde;
Und schnell stand, eh er sich's versah,
Er schon am Hof zu Edis da,
    Und pochte an der Pforte:

Ich bin den Stall zu räumen hier,
    Sprach er, ward vorgelassen,
Bedient mit Wein, und Doppelbier;
    Des Königs Räthe saßen
In langen Reihen um ihn her,
Und staunten hoch, ein Mann, wie er
    War hier der grüne Esel.

Nun tratt der gute Augias,
    Ein trauter Freund des Friedens
In Mütz', und Schlafrock auf, und saß
    Sich oben an; Alzidens
Ganz ungewohnten Körperbau
Besah er hint, und vorn genau,
    Und dachte seiner Thaten:

Daß

Daß mir Fürst Euristheus
　　Euch her in mein Gebiethe
Gesandt, das dank ich ihm; doch muß
　　Ich eure grosse Güte
Belohnen, wie es sich gehört,
Der zehnte Theil von meiner Heerd
　　Soll eure Mühe krönen.

Sie fodert dauerhaften Muth,
　　Und kluge Ueberlegung,
Drum prüft die ganze Sache gut,
　　Zieht alles in Erwägung,
Wenn dieses grosse Werk gelingt,
So sey euch, wie ich es bedingt,
　　Der Lohn nicht vorenthalten. —

Ich nehme diesen Antrag an,
　　Und gehe frisch zu Werke,
Sprach Herkul, was ich leisten kann
　　Durch meines Armes Stärke,
Das wirke ich euch auf mein Wort,
Führt mich nur ohne Zaudern fort
　　Zum Unflatmagazine.

Nach abgeraumten Abendmahl
　　Gieng nun die ganze Suite
Hinunter in den Ochsenstall,
　　Als gleich beym ersten Schritte
Der Held bis an das Knie versank,
Und ganz elementalisch stank
　　Vom allerschönsten Drecke.

O Göttinn meiner Nase du!
        Marockos Tabernackel!
Begleite mich nun schützend zu
        Dem grossen Mistspecktackel,
Und öffne deinen Mutterleib
Mir gnädig in der Noth, dann schreib
        Ich dir ein Ehrenkarmen.

Der ganze Hof stand rund herum
        Das Meisterstück zu sehen,
Das in dem Mistgymnasium
        Nun sollte vor sich gehen,
Die Hand fuhr immer in den Sack,
Und in die Nasen Schnupftowack
        Bey dreyßig tausend Büchsen.

Alzides sah im Ochsenstall
        Gleich eine Menge Männer:
Was wollen denn die Kerls all?
        Fragt er: Sie sind die Kenner
Der Künste, die den alten Wust
In diesem Stand zu dreh'n gewußt,
        Sprach Augias entgegen. —

Ey diese Müh verdienet schon
        Wohlangesehne Preise,
Ist's werth, daß man sie all zum Lohn
        In's Koth hinunter schmeiße. —
Die kosten mich doch sehr viel Geld
So wenig mir die Müh gefällt,
        Erwiederte der König.

                            Kaum

Kaum sah'n die Männer in dem Stall,
　　Daß man ins Amt zu greifen
Sich wage, so begannen all'
　　Den Fremdling anzukeifen:
Wir haben's Monopolium
Im löblichen Gymnasium!
　　Erscholl's aus einem Munde.

Das löbliche Gymnasium
　　Versorgten diese Männer
Schon manches liebe Säkulum,
　　Und galten all' für Kenner
Von Kunst, und Wissenschaft, und Mist,
Wie letzterer zu räumen ist,
　　Und erstere zu bilden.

Doch waren sie zu blöd, und faul,
　　Oft auch zu unerfahren,
Und zogen, wie ein Müllergaul
　　Stets an dem alten Karren,
Die streuten wohl oft Stroh darauf,
Der Wust schwoll aber höher auf,
　　Der Dreck blieb noch der alte.

Da sie den kühnen Fremdling sah'n,
　　Ward ihnen miserabel,
Gleich fuhr der rüstigste heran,
　　Und packte frisch die Gabel,
Doch als er sah, er sey allein,
So ließ er Gabel Gabel seyn,
　　Und streckte sich von neuem.

Die

Die Köpfe waren toll, und voll,
　　Stumpf waren ihre Kräfte,
Sie sah'n den grossen Nutzen wohl
　　Von dem Reformgeschäfte;
Doch es blieb immer nur beym Sehn,
Am Ende war doch nichts geschehn,
　　Als daß der Mist vermehrt ward.

Auch war ein Schwarm von Skriblern drin,
　　Ein Schock Projektenkritzler,
Die immer von Reformen schrien,
　　Doch waren sie nur Witzler;
Die andern sahn den Vortheil ein,
Geschäftlos, und doch dick zu seyn,
　　Und lachten in die Fäuste.

Sie leiteten den Faden so,
　　Als schienen sie recht thätig,
Da war's Projekten=Haberstroh
　　Nun unumgänglich nöthig;
Reformen standen schriftlich da
In Menge, doch man mußte ja
　　Das Exkrement wohl riechen.

Dieß machte nun den König taub
　　Auf Kösten seiner Nase,
Im Volke wurzelte der Glaub',
　　Nun sey die beste Base
In recta linea geführt,
Die Jungen kamen doch beschmiert
　　Bis über's Ohr zurücke.

Das

Das Koth der Dummheit war so dick,
    Daß trotz dem äußern Scheine
Doch oft ein unparthey'scher Blick,
    Ju's Innere — die Schweine
Auf ihrem faulen Mistbett sah,
Uug manchmal fügte sich's beynah,
    Daß Gährungen entstanden.

Doch wußte diesen tiefen Blick
    Der Lehrer abzuschrecken,
Den Wahn mit einem Meisterstück
    Von Heucheley zu decken,
Ein bischen heil'ger Flitterglanz
(Man weis es ja) entnervet ganz
    Den Schimmer des Vernunftlichts.

So schwoll der Wust nur immer an,
    Und die Reformgeschäfte
Erforderten von ihrem Mann
    Nur immer stärkre Kräfte;
Und da sich vollends keiner fand,
So streckte man die schlaffe Hand
    Nur nach Pokal, und Schüßel.

So war's bisher; doch unser Held
    Empört mit seinem Namen
Die Gährungen der alten Welt
    In einen Punkt zusammen!
Sie raisonirten alle her,
Das sein hochlöbliches Gehör
    Der König bald verloren.

Wie

Wir lassen uns das alte Recht
  Nun ewig nicht mehr nehmen,
Nicht unser thätiges Geschlecht
  Durch Aenderung beschämen,
Noch keines hat so gut gedacht,
Und für die Jugend so gewacht,
  Als dermal unser Orden.

Ihr habt gewacht? schrien andere,
  O seht doch, euer Wachen
Hat diesen Mist zu solcher Höh
  Befördert, man soll lachen,
Wenn man von eurer Sorge hört,
Und bis an's Knie in Unflath fährt,
  O wischt euch doch die Augen.

Wärs nur nach unsern klugen Kopf
  Gegangen, sprachen dritte,
So wär der alte Sauertopf
  Schon lang geleert, die Schritte,
Die unsre Schriften oft gemacht
Hat eure Trägheit nur verlacht,
  Der Dreck ist noch der alte.

Nun giengen die Spionen aus,
  Den König zu gewinnen,
Ein lauters Chaos ward daraus,
  Der Pöbel kam von Sinnen.
Und keiner wußte mehr, wer recht
Geahndet, oder wer sich schlecht
  Im ganzen Wesen zeigte.

Kaum waren die Spionen all
    Zurück, als schon die Fäuste
Auf Köpfen in dem Ochsenstall
    Gepoltert, und der Faiste
Sich mit dem Hagern ärgerlich,
Wie Hägre mit den Faisten sich
    Im Aufruhr abgepalget.

Da scholl Alzidens Stimme nun
    Wie tausend Donnerwetter:
Euch Schurken frag ich, wollt ihr ruh'n?
    Daß euch die Höllengötter! —
Und alles schwieg. Die Stille glich
Den Wogen, wenn Neptunus sich
    Erhebt, und Ruh gebietet.

Marsch fort, und pakt euch aus dem Stall,
    Sonst brech' ich euch die Nacken! —
Sie liefen — doch manch derber Fall
    Wenn sie im Kothe stacken,
Bemächtigte sich ihrer Häst,
Sie palgten sich ohn' alle Rast
    In flieh'n nun mit dem Unrath.

Qua data porta ruunt, als
    Hätt' Satan sie geritten,
Sie rannten bebend über Hals,
    Und Kopf mit Doppelschritten
Und tummelten sich schnell herum,
Die Thüre vom Gymnasium
    Mit Ehre noch zu finden.

Nun hefteten ihr Augenmerk,
    Der König und die Suite
Begierig auf die Knochenstärk
    Des Helden, der die Mitte
Des Ochsenstalles durchpaßirt,
Und seine Tiefe spekulirt,
    Als fühlte er die Pulsen.

Ist nicht ein Wasser hier im Land?
    Kein Strom? Ich muß mich baden.
Man führt' ihn fort, am Ufer fand
    Er Fäßer: Sind's beladen? —
Mit Pulver, fiel ein Führer ein,
Ey ey, warum denn nicht mit Wein?
    Ich kann auch Pulver brauchen.

Drauf warf er sich plumpf in den Fluß,
    Und schwemmte sich die Knochen,
Von seinem Mist stank Alveus
    Noch ganze vierzehn Wochen.
Nun stieg der Held vom Strom heraus,
Nahm Pulver, sprengte mit Gebraus
    Die Erde auf zum Monde.

So fährt der Blitz Philosophie
    Empor, schnellt die Sophismen,
Die Schlacken der Pedanterie
    Die plumpen Sylogismen
Allmächtig von sich weg, und fährt
Durch Meere, Feuer, Luft, und Erd,
    Und flammt in jedes Innre.

Alzis

Alzides aber sprengte fort
    Mit seinen Pulvertonen,
Bis an den bestial'schen Ort,
    Wo Mist, und Unrath wohnen,
Und hinter ihm wäscht Alveus
Im neuen Rinnsal seinen Fuß
    Er leitet ihn zum Stalle.

Nun hatte sich des Stromes Macht
    Vom Dreck der festen Erde
Schon allenthalben freygemacht,
    Mit minderer Beschwerde
Bricht er nun durch den lockern Dreck
Und Herkul bahnt' ihm einen Weg,
    Zu einem andern Ufer.

Die ganze Bestialität
    Mit allen Pertinenzen,
Und was man unterm Mist versteht,
    Rollt weg in Wogentänzen
Die Fluthen spielten reinlich aus
Und aller Teufel schwamm hinaus,
    Und alles schrie: Mirackel!

So schwindet, wenn der Strom: Vernunft
    Durch's Dunkle sich ergießet,
Der Vorurtheile ganze Zunft,
    Und aller Unrath fließet
Mit einemmale rollend fort,
Wenn die Vernunft das Schöpferwort:
    Es werde Licht, gesprochen.

                        Herkul

Herkul sprang wieder in den Fluß
  Und badete, dann riefen
Sie ihn zum Mahl, wo Ueberfluß
  An Speisen aus den Tiefen
Des ganzen Reiches hergeholt,
Und seltner Wein im Bechergold
  Olympos Tafeln trotzten.

Man zechte, staunte, rühmte fort
  Und leerte die Pokalen;
Da ließ nun Herkules ein Wort
  Von der Belohnung fallen,
Und fodert den bedungnen Preis
Den er mit e'nem Regenschweiß
  Als braver Mann verdiente.

Ich weis von keinem Preise was,
  Den ich bedungen hätte,
Sprach der verwirrte Augias: —
  Was? ihr wißt nichts, ich wette
Ihr wißt vom ganzen Ochsenstall
Und meinem schweren Tagwerk all'
  Kein Wort mehr in zwo Stunden.

Gebt mir den zehnten Theil der Heerd,
  Den ihr mir zugestanden,
Die Arbeit ist wohl mehr noch werth
  In allen euren Landen
Habt' ihr nicht einen einz'gen Mann
Der so was nur versprechen kann,
  Das Halten ist nicht Mode. —

Mein

Mein Freund! ihr seyd mir lieb und werth,
　　Doch hab ich nichts versprochen,
Ich weis kein Wort von einer Heerd,
　　Mithin ist keins gebrochen
Nun stand der junge Phileo
Sein Sohn vom Tisch auf, und entfloh,
　　Und zitterte vor Schrecken.

Nun flog Alzidens Becher, traf
　　Den König als er eben
Fort wollte, mächtig an den Schlaf,
　　Er sank — weg war das Leben,
Die ganze Suite brach nun auf
Und rannt mit flügelschnellen Lauf
　　Hinaus — hinaus zur Thüre.

Die Schurken die, verfuhr der Held
　　Wie sie zum Teufel laufen,
Wenn ihr gepriesner Abgott fällt
　　Pfuy des gedungnen Haufen!
Erwache wieder, Augias,
Stirb noch einmal vor Aerger, daß
　　Du solche Freunde hattest.

Zurück kam zitternd Phyleo
　　Alzid führt ihn zur Leiche,
Und sprach: Sieh, junger König! so
　　Entkönigt man die Reiche,
So schickt man solche Leute fort,
Die ihr gegebnes Ehrenwort
　　Unköniglich beschimpfen.

　　　　　　　　　　Der

Der Sohn sank auf die Leiche hin,
    Wagt nicht, zu widersprechen,
So wahr ich, sprach er, ehrlich bin,
    Ich werd es niemal brechen,
Den zehnten Theil von unsrer Heerd,
Den du von diesem Greis begehrt,
    Sollst du von mir empfangen.

Geh hin, und nimm was dir gefällt
    Du kannst dir selber wählen,
Das Stück, das in den Zehent fällt,
    (Du magst die Heerde zählen)
Sey dein nach meines Vaters Wort,
Geh hin, treib deinen Antheil fort,
    Wohin es dir gelüstet —

Ich nehme, was mir wohlgefällt,
    Und fasse dich beym Worte,
Brichst du's, so bist auch du entseelt,
    Nun führ mich zu der Porte
Der Schätzekammer, habe ich,
Was mir gefällt, so mach ich dich,
    Mein Wort dafür! — zum König.

Der feige Junge führte ihn
    Wohin er es begehrte
Zur grossen Schätzekammer hin
    Alzides aber leerte
Beynah die ganze Kammer aus
Nahm allen Reiches Schmuck heraus
    Und plünderte die Schätze.

Der

Der junge Mann stand wie erstarrt,
　　Er bebte vor Alziden:
Sey guten Muths, mit schönster Art
　　Wirst König, sey zufrieden,
Das ganze Land bleibt immer dein,
Der Schmuck da nur muß meiner seyn,
　　Du hast noch Land, und Titel!

Ich hab dem Zevs Olympikus
　　Ex voto einen Tempel
Zu bau'n, und diese Kösten muß
　　Ich nach der Welt Exempel
Durch eine Plünderung an mich
Zu bringen suchen, will für dich
　　Schon Messen lesen lassen.

So sagt die ganze Modenwelt,
　　Will man sich wo verloben,
So wird ja allemal das Geld
　　Auf solche Art erhoben,
Man geht zwar manchmal feiner drein
In's Feine pfeife ich hinein,
　　Denn siehst du, so geht's leichter.

Erschüttert schwieg nun Philes,
　　Er konnte gar nicht lachen,
Und doch — die Sache war nun so,
　　Wie wollt er's anderst machen.
Alzides räumte ihm den Thron
In Gnaden ein, und gab ihm Kron,
　　Und Zepter in die Hände.

　　　　　　　　　Dann

Dan setzt er seine Reise fort,
  Gieng in die Synagogen,
Ward von den Juden hie und dort
  Gar jämmerlich betrogen:
Denn er sah nichts vom Werthe ein,
Und tauschte viel in Wechseln ein,
  Vom Gulden einen Groschen.

Kaum tratt er ein in Trazien,
  So scholl ihm in dem Walde
Ein liebes Liedchen wunderschön,
  Das zehnmal wiederhallte;
Und vor dem schönen Wiederhall
Sah er die Bäume überall
  Ganz nach dem Takte tanzen.

So ist denn alle Welt behert?
  Sind auch die Bäume Trutten?
Schnell eilte er dem Musiktext
  Entgegen, und da ruhten
Gelagert in das hohe Gras
Ein Mann mit einem Mädchen, das
  Er in den Schlaf gesungen.

Da tanzte nun ein ganzes Heer
  Lebend'ger Laderstücke
Um den entzückten Sänger her,
  Der Held warf grosse Blicke
Auf die galante Hexerey,
Es kam ihm selbst die Lust dabey,
  Ein bischen mitzumachen. —

Der

Der Mann kann wirklich mehr als ich,
　　Ich glaub', er hat den Teufel,
Sogar zum Tanzen zwingt er mich,
　　Es ist ganz außer Zweifel,
Der ist der größte Zauberer
In dieser Welt, so dachte er,
　　Gleich geh ich in die Lehre.

Wie heißest du? Mein guter Freund!
　　Ich tanze nun nicht länger,
Daß du es weißt! Ich bin ein Feind
　　Vom Tanz — Ich bin der Sänger
Der Liebe, heiße Orpheus,
Und wenn ich Lieder singe, muß
　　Die ganze Welt mir tanzen.

Du bist ein rarer Kerl du!
　　Sprach Herkules voll Freude,
Red mir einmal den Steinen zu
　　Denn sieh, ich baue heute
Mir eine Kirch für Jupiter
Und habe keinen Maurer,
　　Du könntest mir wohl helfen.

Die Wechsel alle geb' ich dir,
　　Wirst du ein Karmen singen,
Daß diese Quaderstücke mir
　　Zum Takt zusammenspringen,
Und einen ganzen Tempelbau
Aus freyen Trieb formiren, schau,
　　Probier das Ding ein bischen.

　　　　　　　　　　Eurk=

Euridize erwachte nun,
    Und sah den Hottendotten,
Alzides wußte, was zu thun,
    Und gab ihr seine Noten,
Ey, dacht sie, dieser Riese ist
Zu gut, als daß er Menschen frißt,
    Und forschte ihre Wechsel.

Und Orpheus nahm die Leyer her
    Schnell gauckelten die Steine
In einen weiten Kreis umher
    Und machten jeder seine
Verfluchte Schuldigkeit, bald stand
Ohn' irgend eine Menschenhand
    Der ganze Tempel fertig.

Der Held macht Augen, wie ein Stier
    Bey herrlichen Spektakel:
Sey doch so gut, und zeuge mir
    Den Schlüßel zum Mirakel,
En sey kein Narr, ich bitte dich
Mein lieber Freund, und lehre mich
    Das Ding, es ist nicht übel.

Mein Freund, verzeih, das kann ich nicht
    Der Zauber meiner Leyer
Die sanfte Suade im Grdicht
    Ist nur ein Götterfeuer.
Wenn es nicht seyn kann, so leb wohl
Sprach Herkul, und gieng freudenvoll —
    Wohin? — Das wird man lesen.

Sechſt

Sechstes Buch.

Wie Herkules einen feuerspeyenden Stier erlegen thät, und was es für ein verzweifeltes Ding um die Liebe ist.

Sein Herz schlug immer nach dem Takt
    Gewaltig an die Rippen,
Die Keule schwang er hoch, und nagt'
    Die Haut der dicken Lippen,
Als wär' er schon Kompositeur,
In seiner Phantasie war er
    Doch auch nicht viel geringer.

Er läute tief studirend, bis
    Ihn seine starken Füße
Vors Thor zu Megalopolis
    Getragen, denn das Süße,
Das in dem Komponiren steckt,
Hat er im Leben nie geschmeckt,
    Doch kannt' er keine Noten.

Er kehrt in einem Gasthof ein,
    Und fraß, und soff nach Takten,
Und taktenmäßig floß der Wein
    Hinunter, so behagten
Die Speisen einmal unserm Held,
Hatt' er gleich keinen Kreuzer Geld
    Im Sack, das war ihm eines.

In seinem Glück mußt' Iphitus
	In diesem Gasthof wohnen,
Der reiche Stabularius
	Mit einem Schock Stallonen:
Hab ich gleich keinen Heller mehr,
So nehm' ich die Stallonen her,
	Und zahle meine Zeche.

So dacht er sich, gedacht, gethan,
	Er band den Pferdlivranten
Mit Stricken in dem Stalle an,
	Die Pferde, die drin standen,
Verhandelt er, bezahlt die Zech,
Begiebt sich wieder auf den Weg,
	Und läßt den Roßknecht zappeln.

Schon hüllte sich die finstre Nacht
	In ihre Pechperüke,
Ihr schwarzer Rathsherrn Mantel macht'
	Mit seiner Konsuls Tücke
Der stralenlosen Erde bang,
Ob nicht der magistrat'sche Gang
	Zu lang amtiren möchte.

Als unser Held, durch einen Fluß
	Mit Mühe durchgewaten
Den ersten Berg am Menalus
	Bestieg; der schwarze Schatten
Betrog ihn oft so grob, daß er
Mit seiner Nase ohngefähr
	Die größten Eichen prellte.

Sankt

Sankt Juno kam von oben her
    Mit einem Donnerwetter,
Alekto schwamm im Wolkenmeer
    Vom Sitz der Höllengötter
Herauf mit einer Schreckenfracht
Die ganze, lange, grause Nacht
    Duetten abzupoltern.

Zweytausend Stürme fuhren los,
    Und brüllten, heulten, sausten,
Und tobten lärmend Stoß für Stoß
    Und pfiffen, zischten, brausten,
Wenn eine ganze Märzenwelt
Von Katern Assambleen hält,
    Ist's Harmonie dagegen.

Die Stämme brachen krachend ab,
    Die Aeste krächzten gräulich,
Und in den dicken Wald hinab
    Regirt' es ganz abscheulig,
Gespenster rannten, Ubus schrien,
Und Eulen tönten gräßlich hin
    Die Nänien in Wolken.

Die Eber grunzten in den Thal
    Der wetterschwangern Hügel,
Und Wölf, und Füchse im Choral
    Erklangen unterm Flügel
Des Sturms, und ululirten Graß,
In langen Schaudertönen, daß
    Die Haar zu Berge standen.

Hier

Hier streift ein funkenlohes Schock
 Gespenster aus den Grüften,
Da fuhren Hexen auf dem Bock
 Tausausend in den Lüften,
Dort rannten bleiche Mannen her,
Die Pluto aus dem Jammermeer
 Der Hölle losgelassen.

Nun spielte man Komödie
 Im grossen Nachttheater,
Und das Orchester polterte
 Mit gräßlichen Geknatter,
Der schnelle Blitz als Arlequin
Hüpft gaukelnd durch die Wolken hin
 Mit lichten Kreuzesprüngen.

Ihm stolpert nach im Donnerton
 Mit Podagrener Füßen
Der zürnende Herr Pantalon,
 Voraus auf Gabelspießen
Fährt Columbinelein heran
Und desertirt mit dem Galan
 Dem alten Kränzleinwächter.

In eine Zauberhöhe kömmt
 Das Liebespaar geflogen,
Stiehlt Gürt'l Talismann, und schwemmt,
 Aus großen Wolken Wogen
Den Luft Urin zur Erde her,
Den Alten durch ein ganzes Meer
 Im Laufen einzuhalten.

H Die

Die Zauberruthe pfeift herum,
        Rasch rasselt aus den Lüften
Ein schwerer Hagelregen, um
        Die ausgedorrten Hüften
Des eselgrauen Ritters lahm
Zu schlagen, über ihm zusamm
        In Steinen, groß wie Quader!

Ein Kopolt huckt ihm am Genick
        Als Pirot weisgejacket
Mit langen Arm, Bajazodick
        Und spornt ihn, und pisacket,
Ihn grimmig die Moräste durch,
Er brüllt, als läge ihm die Burg
        Des Pluto auf dem Kragen.

Und Furien mit Fackelbech
        Garnirt beginnen Tänze,
Und schließen ihn auf jeden Steg
        In schauderliche Kränze,
Da brüllt er in Oktaven fort
Bald hoch, bald nieder, doch sein Wort
        Betäubt der Lärm des Waldstroms.

Alzides mußte mit der Keul
        Die Wolkenwand transchiren,
Sonst konnt' er trotz der Rieseneil
        Weis Gott! nicht durchpaßiren:
Auch hat er in der Finsterniß
An Wolkenecken sich gewiß
        Manch blauen Fleck gestossen.

                                    Vom

Vom Blitzen blind, vom Donnern taub,
    Kontrakt vom kalten Regen,
Und eingepudert mit dem Staub
    Von tausend Windsbrautschlägen,
Geparfumirt vom Mist, und Schlam,
Und ausgepicht vom Lufte kam
    Der Held zu einem Gießbach.

Beym Teufel! rief er, kann man hier
    Denn gar nicht überfahren?
Man haltet mich, ich glaube schier,
    Wohl gar für einen Narren:
Wär' Orpheus nur bey der Hand,
Gleich müßt' er mir aus diesem Land
    Blitz, Sturm, und Hagel singen!

So geht es, wenn man sich verlobt,
    Das ist der Dank der Götter!
Kaum steht ein Tempel da, so tobt
    Ein tolles Donnerwetter,
Sie werden närrisch in der Höh,
Der Teufel hol' mich, wenn ich je
    Mehr wieder Tempeln baue.

So sprach er grimm erfüllt, und warf
    Ein Stück von einem Felsen
Empor, sein Schlag verwundet' scharf
    Im inneren Erzelsen
Die Furie, und Feuer troff
Durch Wolken, und vom Kopfe loff
    Ihr schwarzes Blut herunter.

Itzt blitzte sie, die Halde brann,
　　In rothen Höllenflammen,
Und von gesengten Bäumen rann
　　Ein Feuerteich zusammen,
Der Sturm pfiff drunter, und bald schien
Der ganze weite Wald zu glüh'n,
　　Dreytausend Stämme brannten.

Nun war es doch so ziemlich licht,
　　Den Gangsteig auszufinden,
Und Herkules versäumte nicht,
　　Den Gießbach auszugründen;
Er gieng hindurch, stand jenseits da,
Und folgte, wo er Fußtritt sah,
　　Gemächlich seiner Leitung.

Auf einer schwarzen Wolke schwamm
　　Mit Donner, Blitz, und Regen
Frau Jupitrinn daher, und kam
　　Der Furie entgegen:
Alekto, sprach sie, blutest du? —
Auf, poltre, wettre, hagle zu,
　　Er ist schon in der Klemme.

Nun stritten Wasser, Flamm, und Nacht
　　Um's Prinzipat im Aufruhr,
Die Halde schwimmt, und brennt, und kracht
　　Mit Regen, Dampf, und Sulphur,
Und rollend scholl der Donnerton
Als börstete Fürst Plutos Thron
　　Grauß rasselte der Hagel.

　　　　　　　　　　Ha!

Ha! sprach Alekto, für das Blut,
    Das meinem Kopf entsprudelt,
Sey er mit Feuer, und mit Flut,
    Und Hagel überstrudelt,
Ich werf ihm Steine an den Kopf
So groß, als wie Medusens Kropf
    Dem unverschämten Schlingel!

Der Bube, sprach Frau Donnerinn,
    Daß ihn das Donnerwetter! —
Will zeigen, daß ich Göttinn bin
    Der Göttinnen, und Götter!
Zerschlagen, naß, und angebrannt,
Und blind, und taub soll er ins Land
    Mizene wiederkehren!

Auf hebe dich, und reit' ihm nach
    Auf deinem Drachenkragen!
Ich helfe dir nun Schlag auf Schlag
    Mit meinem Donnerwagen,
Aus diesen schwarzen Wolkenthron
Soll er dir eine Million
    Dreyzacke zischen hören.

Auf, fort zum Euristheus,
    Dem guten, frommen Christen,
Hört mich die Meme nur, so muß
    Er seinen Renomisten
Den Herkules gleich wieder fort
An einen weit entlegnen Ort
    Auf neue Fehde schicken.

Die

Die Weiberseele fang ich gleich
 Mit einem Großmirakel,
Ich donnre von dem Wolkenreich
 Ein mächtiges Orakel,
Laß mich nur sorgen, o ich will
Den Kerl mit einem Pfannenstil
 Die ganze Welt durchpeitschen.

So sprach sie, und nun gieng's hohaus
 Trotz einem Nachtgejaide
Alziden nach, der im Gebraus
 Der aufruhrvollen Haide
Mit unerschütterlichen Tritt
Durch Flamm, und Sturm, u. Nebel schritt,
 Und ganze Regen träufte.

Ihm machte Sturm, und Flut nicht bang
 Nicht Blitz, noch Flammenkreise,
Doch wurde ihm die Zeit so lang
 Daß er sich eine Pfeife
Toback gestopft, kaum nahm er sie
In's Maul, so schlug ein Stein, als wie
 Ein Thurmknopf sie in Trümmer.

So wollt ich, daß der Teufel doch
 Das ganze Wetter hollte!
Die Pfeife hat er schon, und noch
 Ein einz'ger Stein da sollte
Mir kommen, so werf ich ihn traun
Dem Himmel zu, und Zevs mag schau'n,
 Wo er den Bader findet.

Und

Und weiter gieng er fluchend fort,
　　Und murrte trotz dem Wetter,
Schon hört er von dem nächsten Ort
　　Das Sturm=Geläut der Städter,
Schnell eilte er, voll Mist zur Stadt
Mit langem Schritt', und kam gerad
　　Hinein zum Wettersegen.

Mizene war's; die Göttinnen
　　Belagerten es gräßlich
Mit Donner, und mit Sturmgetön,
　　Die Blitze kreuzten häßlich:
An seinem Weihbrunnkessel saß
Der furchterfüllte Fürst, und fraß
　　Undächtig Lukas Zetteln.

Ein Kreuz schlug er bey jedem Blitz,
　　Und bethete abscheulich,
Der Donnerkeile Zackenspitz
　　Erschütterte ihn gräulich,
Er sang Loretto's Litaney,
Und zitterte mit Macht dabey
　　Trotz seiner Oettingkerzen.

Ein Hagelstein zerschmetterte
　　Den Fensterstock in Trümmer,
Euristheus zitterte
　　Mit ängstlichen Gewimmer,
Laut scholl's aus einer Wolke her:
In Creta tönt ein Stiergeplär,
　　Dein Sklave muß es dämmen.

　　　　　　　　　　　　Frau

Frau Euristheussin sah
  Den Fürst in Ohnmacht liegen,
Schnaps war ihr Balsamfläschlein da
  Den Halbtod zu besiegen,
Sie schmirte, und frontirte ihn,
Bis wieder Kraft und Menschensinn
  In seine Knochen kehrte.

Alzides kam, das Wetter gieng,
  Die Hexen ritten weiter,
Und Fürst Euristheus hieng
  Statt einem Blitzableiter
An jedes Eck von seinem Dach
Lorettoglocken aus, und lag
  Schon knieend in der Kirche.

Inbrünstig macht er Reu und Leid,
  Und eine gute Meynung,
Und zittert vor der Dunkelheit
  Der höllischen Verzäunung,
Denn oft ereignet sich der Fall,
Daß auch ein Fürst nicht allemal
  Mit Ruh' in's Wetter hinsieht.

Dem Fürsten war noch wohl bekannt
  Das nächtliche Mirackel,
Die Worte wußt' er, doch Verstand
  Er von dem Luftorackel
Den eigentlichen Sinn noch nicht. —
Ein Zettel flog' ihm in's Gesicht —
  Leibhaftig eine Zeitung.

                          Kaum

Kaum hatt' er seine Neuigkeit
  Gelesen, so verschwanden
Die Blätter, daß vor Bangigkeit
  Starr seine Haare standen,
Denn damal wirkten Zeitungen
Noch nicht, als wie es heut zu seh'n
  Die tüchtigsten Mirackeln.

Zurück wankt er in's Kabinet
  Und ließ Alziden kommen:
Ich hab aus einer Wolkenred,
  In dieser Nacht vernommen
Daß dich die lieben Heiligen
Zu einen großen Werk ersehn;
  Du mußt auf neue Fehde.

Bin noch zu müd, sprach Herkules,
  Von Arbeit, Marsch und Wetter!
Im Himmel, sagt ihr, will man es?
  Das wären mir doch Götter! —
Wenn je ein Gott was haben will,
So thu er's selbst, was braucht er viel
  Mit Menschen zu schmarotzen?

In Creta tönt ein Stiergeplärr,
  Dein Sklave muß es dämmen!
So scholl's aus jener Wolke her,
  Itzt geh, den Stier zu zähmen,
Wo nicht, so fühle meinen Grimm! —
Der Held gieng zürnend, ohne ihm
  Ein Wort zurück zu geben.

Nun

Nun faßte ihn der Ueberdruß,
    Und er fieng an zu schelten:
Beym hellen Luzifer! so muß
    Ich mich in allen Welten
Abpalgen? Kennt' ich diesen Gott
Ich schlüg ihn blau, und grün, und roth
    In alle Uniformen!

Verflucht, daß ich gebohren bin,
    Ohn' alle Rast zu schwitzen,
Da andre, die die Arbeit flieh'n
    Auf weichen Polstern sitzen,
Gähnt nicht Fürst Euristheus
Trotz einem Domkanonikus
    Bey Trunk, und Fraß, und Metzen?

Und ich, daß mich der Teufel hol'!
    Muß einen Sklaven machen,
Der immer laufen, raufen soll
    Mit Sturm und Ungemachen?
Für dießmal gehe ich noch fort,
Und dann ich schwör's bey meinem Wort,
    Bringt mich kein Gott mehr weiter.

Zu Lande war der Schlam so tief
    Wie einst im Ochsenstalle,
Der Held verdingt sich in ein Schiff
    Und prüft zum erstenmale
Die bessere Bequemlichkeit
Zur See, denn der Verdrüßlichkeit
    Zu Lande war er müde.

                      Still

Still war das Meer, Neptunus fuhr
　　Auf seinem breiten Rücken
Daher, Fragmente schwammen nur
　　Von Wolken, wie Perulauen,
Seit gestern unfrisirt umher,
Die Sonne spielte mit dem Meer
　　Den Engel unterm Vorhang.

Und von dem allerbesten Hauch
　　Erhoben sich die Segel,
Und schwollen zum Prälaten Bauch
　　Empor, Zephyr der Flegel
Blies förderlich von hinten zu,
Die Masten flogen weg im Nu,
　　Und fort gieng's hexenmäßig.

Nun metamorphosirte sich
　　Frau Juno in ein Mädchen,
Und lief, und trollte reiziglich
　　In Neptuns Kabinetchen,
Und feuerte mit einem Kuß
Den saueren Phlegmatikus
　　Um tausend Jahre jünger.

Papa! Der Fürst von Creta spricht
　　Dir Hohn, versäumt das Bethen,
Du hast ihm einen Stier geschickt,
　　Nun will man ihn zertreten,
Daß er noch ärger freveln kann,
Da oben schwimmt ein großer Mann
　　Nach Creta zur Entstierung.

Er

Er ist ein Sohn vom Jupiter,
    Hat Elephanten Knochen,
Und reiset nun nach Creta her,
    Dir deinen Stier zu kochen,
Papachen! huß! und leid es nicht,
Verfolg ihn, daß sein Fahrzeug bricht,
    Dann schenk ich dir ein Nächtchen.

So sprach sie, streichelt' ihm den Bart
    Und kitzelt ihn am Kinne,
Denn das ist so der Mädchen Art
    Zum sichersten Gewinne.
Der Alte wankt elektrisirt
Vom Feuer ihres Aug's, doch wird
    Ihm bey der Sache bange.

Mein Bruder ist ein braver Mann,
    Sein Bube ist mein Vetter! —
Gern wollt ich ihn — doch sieh, ich kann
    Mit einem Donnerwetter
Ohn' meines Bruders Hilf nicht durch,
Denn mein ist nur die Wasserburg,
    Bin auch nicht Windverwalter.

O! dafür, sprach sie, ist leicht Rath,
    Der Skrupel ist gehoben!
Denn sieh nur, unser Aeol hat
    Den Schlaftrunk, und da toben
Auf meinen Wink die Winde fort,
Daß er dir nicht ein einzig Wort
    Vom ganzen hören solle;

                      Und

Und um das Donnern kümmre dich
    Nur gar nicht, denn ein Wetter
Empört Frau Juno meisterlich,
    Und die kann deinem Vetter
Nicht leiden; sie ist schon mit mir,
Als ein Geheimniß sag ich's dir,
    Zu allem wohl verstanden.

Laß du nur deine Fluten heut
    Ganz ungehindert toben!
Und nimm von meiner Zärtlichkeit
    Die allerstärksten Proben
Im süßen Nächtezeitvertreib!
Frau Juno, dieses mächt'ge Weib
    Wird auch dann deine Freundinn.

Nun trappelt sie ihm an der Schnautz,
    Und dreht Coquettenblicke,
Da sprach entzückt der alte Kauz
    Zum Schöpfungs Meisterstücke:
Mein Liebchen, du wärst mir schon recht,
Doch Juno ist in dem Geschlecht
    Der Zärtlichkeit ein Scheusal;

Sie ist mir eine Bestie,
    Ein Teufel ohne Gleichen,
Die schlechteste Kanallie
    Muß ihr an Schlechtheit weichen,
Sie ist zwar meines Bruders Weib —
Ich möcht sie nicht mit Seel, und Leib
    Für alle meine Sünden!

Wenn Jupiter sich amusirt
    Mit schönen Erdetöchtern,
So poltert sie, und fulminirt,
    Und heult, troß Stuubenwächtern,
Und kömmt ein Göttersohn zur Welt,
So wird er ohne End gequält,
    Ihr fehlt die Modenkenntniß.

Nun merkt er, daß sein Kompliment
    Dem Mädchen sehr mißfallen,
(Die Nase hatt' er sich verbrennt)
    Ihr wieder zu gefallen,
Gab er sein Jawort doch noch her,
Und ließ die Wogen in dem Meer
    Nun ex soluto schreiben.

Schon rückte eine Nachtarmee
    Aus Ost, und Süd, und Norden,
Und West herauf, und lagerte
    Sich auf das Meer, die Pforten
Am Sturmberg fuhren donnernd auf,
Und mit präcipitirten Lauf
    Entrollten ihm die Winde.

So fuhren einst mit Pfiff, und Braus
    Bey Gaßners Exorzismen
Zehn Regimenter Teufeln aus;
    So fahren Silogismen,
Bey einer Disputation
Mit Lärme in die Lüfte von
    Dem Jesuiten Präses.

Die Stürme fuhren Wolken an
　　Mit tobenden Gesause,
Der Aufruhr in dem Meer begann
　　Mit rauschendem Gebrause,
Die Flut erhob, und wölbte sich,
Bis an die Wolken fürchterlich,
　　Und fiel — hinab zur Hölle.

Wie, wenn die Knaben in dem Kreis
　　Im Spiel die Wolle blasen,
Mit Backen aufgeschwellt, voll Schweiß,
　　Und aufgedunsnen Nasen,
Daß sie bald hin, bald wieder her,
Gerade bald, und bald zur Quer
　　Herumfährt, und dann auffliegt,

So bliesen die bausbackichten
　　Pariser Buccinanten
Sich heischer auf dem Englischen
　　Distrikt, die Masten rannten
Bald hundert tausend Klafter tief
Hinunter, und bald stack das Schiff
　　Im Bauche eines Firsterns.

Der Mond, der grosse Teller, wo
　　Titan sein Licht tranchiret,
Ward von der Flut mal a propos
　　Gewaltig abluiret,
Auf jedem Wogenberge sitzt
Ein ausgelaßner Wind, und spritzt
　　Den Sternen in die Augen.

　　　　　　　　　　Patsch

Patsch schließen sich die Deckeln fest
    Und hüllen sich in Küßen,
Das Meersalz beißt sie scharf, der Rest
    Des Lichts entrinnt in Flüßen,
Die Sonne hüllt sie in die Nacht
Der Wolken, und der Donner kracht
    Dem Blitze als Laquay nach.

Nun lärmte die Rebellion
    Von zwanzig Ungewittern
In Blitz, und Sturm, und Donnerton,
    Und alle Welten zittern,
Alzidens Masten fliegen hoch
Zum Himmel, und dann plumpf in's Loch
    Der allertiefsten Hölle.

Gedankenschnell hob sich der Kiel,
    Wenn sich die Fluten bäumten,
Und siebenzehnmal schneller fiel,
    Wenn sie herunter schäumten,
Herab in's Thal die schwere Last,
Daß Segelstangen, Thau, und Mast
    Und Wand, und Ruder krachten.

Sankt Aquilo, und Boreas,
    Und Afrikus, und Notus,
Und Eurus, Corus, Cäcias,
    Und Auster, und Vulturnus,
Mit vielen tausend anderen
Erhoben sich, und polterten,
    Die ganze Welt zu fressen.

Die Schiffer warfen alles fort,
   Und leerten die Kajüten,
Alzid warf jedes Weib an Bord
   Trotz allem Fleh'n, und Bitten,
Zum Leben, sprach er, seyd ihr schon
Zu alt, drum packt euch schnell davon,
   Und karesirt Tritonen.

Itzt schleuderte ein Wogenfall
   Das Schiff an Felsenklippen,
Und donnernd, wie Kanonenknall,
   Zersplitterten die Rippen,
Nun stürmte ein Leviathan
Vorbey, und dieser Held gewann
   Luftspringend seinen Rücken.

Da ritt er nun Berg auf, Berg ab,
   Als wie auf einer Gabel,
Mit Pfeilgeschwindigkeit herab,
   Auch gieng's ihm miserabel!
Des Flutenungeheuers Eil'
Mußt' er mit seiner Eisenkeul'
   Im Fluge dirigiren.

Das Thier kam von Sankt Jupiter
   In einem Scharwerkgange,
Den Held zu tragen über's Meer:
   Alzden ward nicht bange,
Er ritt ganz unerschüttert fort,
Bis er nach Creta kam, und dort
   Bequem an's Land zu steigen.

J   Er

Er stieg an's Ufer, beutelte
    Sich wie ein nasser Budel,
Schalt eine Zeit, und polterte
    Voll Aerger übern Strudel,
Und schritt die Keule in der Hand
Gemächlich auf dem festen Land,
    Und dacht': Hier ist's doch besser!

Vom Meer gesalzen durch, und durch,
    Bestrômt von Schweiß, und Regen
Begab er recta sich zur Burg,
    Das Volk stand an den Wegen,
Und grämt', und kümmerte sich hoch,
Ob Näreus nicht etwa noch
    Den zweyten Stier gesendet.

Kaum tratt er zu den Thoren ein,
    Sah er schon eine Menge
Portierter Stiere groß, und klein
    In lärmenden Gedränge,
Der erste, dem Alzides fragt,
Wer diese Thiere seyen, sagt:
    Es sind des König Räthe.

Verfluchte Composition,
    Erwiedert er, von Thieren!
Die Ohren Asinin-Façon
    Starrköpfe von den Stieren,
Wolfszähne, einen Vielfraßbauch,
Und Bärenträgheit, Luchsenaug',
    Und Fuchsenschalk im Busen.

                    Bocks-

Bocksgeilheit in dem Unterleib',
    Und Straußenkraft im Denken,
Wenn ich's nicht dem Erlanger schreib',
    So lasse ich mich henken,
Wie prächtig ist der Hof bestellt,
Der solches Thiergeflicke hält
    Im königlichen Neste! —

Nun hörte er Musik, und gieng
    Ihr nach zur Hofkapelle,
Mit Pauken, und Trompeten fieng
    Ein Hochamt an, die Schwelle
War von Trabanten wohl bewacht:
Wozu wird der Zierrath gemacht?
    Fragt Herkules begierig.

Des Königes Gewissens Rath
    Hält ob dem grossen Stiere,
Der sich in's Reich gedrungen hat,
    Ein Hochamt. — Er amtire
Sprach unser Held, so lang er will,
Der Stier fragt nach dem Amt so viel,
    Als ich nach euerm Stiere.

Ich bin, ihn zu zersetzen da,
    Sagt's Minos euerm König,
All diese Zeremonia
    Taugt gar nichts, oder wenig,
Und wenn der Pfaff sich heischer singt,
So wett' ich meinen Kopf, er bringt
    Den Ochsen doch nicht weiter.

         J 2   Schon

Schon war das grosse Hochamt aus,
    Der König mit den seinen
Trat solennissime heraus,
    Und schnell — wer sollt' es meynen? —
Kaum als er diesen Riesen sah,
So rief er laut: Miracula!
    Das Hochamt hat gewirket.

Vom Hochamt wußte ich kein Wort
    Sprach Herkules in Eile,
Der Stier allein trieb mich an Port,
    Mit dieser Eisenkeule
Ihn zu zerschmettern, bin ich ja
Und nicht von Amtes wegen da,
    Führt mich nur bald zur Fehde.

Ich komme von Mizene her
    Auf fürstliche Befehle
Und schwimme über's Meer daher
    Ganz eingesurt, die Hölle
Zerschmetterte am Fels das Boot,
Just konnt ich mit genauer Noth
    Auf einem Fische reiten.

Nun galt er ganz für einen Gott,
    Der Fischritt für Mirackel,
Und Minos klagte seine Noth
    Als stünd er vor'm Orackel
Zu Delphos. Weh mir armen Mann!
Rief er, kein Mensch, ein Gott nur kann
    Vom Joche mich befreyen!

Mein

Mein Magen duldet keinen Fisch!
    Ich möchte mich oft brechen,
Will man mitunter über Tisch
    Ein Wort nur davon sprechen.
Drum glaub' ich noch zu dieser Frist,
Daß unser Stier aus Holland ist,
    Ein Stockfisch-Abgesandter.

All meine Unterthanen, die
    Nicht Fische fressen können,
Verlassen mich, ich misse sie
    Mit hundert tausend Thränen,
Denn wer im Land nicht Fische frißt,
Der wird zu todt gequält, und ist
    Ein Opfer unsres Stieres.

Reformen, und Auswandrungen
    Ereignen sich alltäglich,
Die gräulichen Verherungen
    Zu schildern ist nicht möglich,
Und flieht mir einer aus dem Land,
So ist er sogleich Kontteband,
    Für's Höllsekuritätschor.

Der Stier haucht Feuerstralen aus,
    Und frißt nichts, als Dukaten,
Ernährt man ihn, so schweigt sein Saus,
    Wo nicht, so muß man braten;
Denn seine Athemflamme fällt
Im Zunder einer andern Welt,
    Und brasselt ohne Ende.

                        Auch

Auch nimmt er von Gedanken Zoll
  Von Worten, und Geberden,
Wer nicht unglücklich werden soll,
  Muß ihm gehorsam werden,
Sein Willen ist im Reich Geboth,
Erfüll' ihn nicht --- und sieh --- er droht
  Mit orthodoxen Hörnern.

Wer nicht gehorcht, den tilget er
  Intolerant vom Kreise
Der Menschen, ja sein schrecklicher
  Ergrimm verfolgt auch Weise,
Und jedes Generalmandat,
Wovon er nicht Dukaten hat,
  Brennt mich mit heißer Flamme.

Neptunus hat ihn hergeschickt,
  Der Gott der Häringkrämer,
Zu seiner Kanonade liegt
  Ihm so kein Reich bequemer,
Als meines nahe an den Meer,
Da schickt er allen Abscheim her
  Von seiner Republique. ---

Ha ha! der kommt mit seinem Stier
  Mir eben recht zur Falle,
Ein Donnerwetter schickt' er mir
  Und regte mir die Galle
Mit Regen, Sturm, und Nacht, und mit
Dem Schiffbruch, nun mach' ich mich quitt,
  Und schlage seinen Ochsen.

        Nun

Nun lud ihn König Minos ein
  Zu einem guten Schmause,
Da fraß er weidlich, und soff Wein,
  Und nach der Abendjause
Schritt der noch nie besiegte Held
Zum Stiergefechte in das Feld
  Begleitet von ganz Creta.

So laufet oft zur Schedelstadt
  Mit einem Armen Sünder
Hinaus, was immer Füße hat,
  Das Weib trägt ihre Kinder
Am Arm, als wie zu einem Spiel,
Das unbefangene Gefühl
  Im Keime zu verhunzen.

Kaum sah das Ungeheuer ihn,
  So fieng es an zu sreyen,
Der hat, so wahr ich ehrlich bin,
  Die höll'schen Tartareyen
Gefressen, sagte unser Held,
Habt acht, sonst zündet er die Welt
  Euch an, wie Flammetinen!

Er avanzirt, da sprühte ihm
  Ein Funke auf die Zehe,
Und brannte mit Metallengrimm
  Sechs Blattern in die Höhe,
Auf flammte nun Alzidens Zorn,
Und mächtig packt er ihn am Horn,
  Und schleudert ihn zu Boden;

Und

Und schwang die Keule durch die Luft
    Auf seinen grossen Schedel,
Zerschmettert fiel der tolle Schuft
    In seines Blutes Röthel,
Das Aug starrt vorgequetscht heraus,
Und von der Keule rann, o Graus!
    Das warme Hirn, und Blut weg.

Nun gieng's an eine Klatscherey
    Von hundert tausend Händen,
Und Lärm, Gewirr', und Jubelschrey
    Begann, um nie zu enden,
Man gieng zurück zur Residenz,
Die Räthe hielten Conferenz
    In puncto sepulturæ

Nach vielen Pro. und Contra fiel
    Das Urtheil: Comburatur!
Für unsern Stier, zwar riethen viel':
    Coquatur, Consumatur!
Doch waren die Majora da,
Und die Esurientia
    Beliebten's Maul zu halten.

Solenniter ward er verbrannt,
    Und mit geweihten Kerzen
Das Holz, das aufgescheidert stand,
    Entflammt mit frohen Herzen,
Nun ward bis in die späte Nacht
Die Zeit am Hofe durchgebracht
    Bey Schmaus, und Trunk, und Jubel.

Zevsides nahm schon Abschied, und
    Begann zu retourniren,
Um wieder durch den Flutenschlund
    Nach Hause zu paßiren,
Der König gab ihm ein Galeer
Die Luft war heiter, und das Meer
    So willig, wie ein Mädchen.

Zephyr, der zahme Dichterwind
    Blies in die Segeltücher,
Die Masten flogen pfeilgeschwind,
    Ringsum war alles sicher,
Es schien, als ob Neptunus sich
Zur Ehr es schätze, dienstbarlich
    Alzidens Kiel zu lecken.

Auf dem Verdecke stand der Held
    Und sah mit grossen Blicken
Hin in die weite nasse Welt
    Voll schelmischer Intriquen;
Als ferne sich ein Plätschern regt,
Das immer näher sich bewegt,
    Nun war er ganz Erstaunen,

Ein Schwarm von Mädchen schwamm daher
    In Evens erstem Kleide,
Und gaukelten herum im Meer
    Mit schwesterlicher Freude,
Alzides hatte die Natur
In dieser Paradiesfigur
    Noch niemal so begucket.

Er

Er sah viel neues hie, und da
    Das ihn im Innern freute,
So jung, und voll, und munter sah
    Er niemal noch die Leute,
Nun stimmten sie ein Liedchen an,
Und unsers Helden Herz begann
    Nach ihrem Tackt zu tanzen.

Ey dacht' er, wäre mir im Lauf
    Ein solches Ding gekomm,n,
Da wär ich ja weit lieber drauf
    Nach Creta hingeschwommen,
Ich glaub' es schwimmt sich noch so gut
Und nun, da jede Woge ruht,
    Wie wär's, wenn ich's pobirte? —

Itzt fragt er eine: Liebes Kind!
    Laß mich euch näher kennen,
Sag mir, was jene Püpchen sind?
    Wohl etwa gar Sirenen?
Sie spielen Wasser in die Höh,
Und singen so erheiternde
    Orpheische Paladen.

Wir waren, sprach sie, einst zu Land
    In Schenken Kellnerinnen,
Und tratten in den Nonnenstand
    Als Ursellinerinnen,
Wir schwammen zu eilftausenden
Herum als Konvertitinnen
    In Neptuns grossem Reiche.

Da

Da wir nun in den Kellern all
    Neptuns durchleuchte Gunsten
Mißbraucht, und mit dem Löschpokal
    Das gute Bier verhunzten,
So brach das Schiff in tausend Stück,
Wir wurden in dem Augenblick
    Verwandelt in Sirenen.

Kaum hörten dieß die anderen
    So steckten sie die Köpfe
Gleich in die Flut, und rudelten
    Und wuschen ihre Zöpfe,
Die Schwänze standen all zur Höh,
Und ob der grossen Schwanzarmee
    Erstaunte hoch Alzides.

Er konnte wirklich noch nicht ganz
    Auf seine Augen trauen:
Was will den dieser Schuppenschwanz
    Im Unterleib der Frauen? —
Er ist ein strafend Consequens
Von einem weiland Accidens
    Erwiedert sie geschämig.

Kaum sagte sie es, so verschwand
    Sie mit der ganzen Suite,
Der Held mit seiner Keule stand
    Erstaunt auf der Kajüte.
Das Accidens, und Consequens
Hielt er nun als ein Evidens
    Pro poena talionis.

                       Einst

Einst war die Männerkraft durch sie
    Als wie ein Fisch erkaltet,
Sie selbsten wurden nun auch wie
    Ein semifisch gestaltet,
Versteht sich nur im Unterleib,
Weil blos der unt're Zeitvertreib
    An allem Teufel schuld war.

Der Kiel schliff über Fluten mit
    Kanonenkugelschnelle,
Frau Juno war indeß bemüht,
    In ihres Donners Seele
Zu donnern, nahm die Vipper her,
Die ihr Alekto gab, daß er
    Ihr rasend werden sollte.

In seiner Mittags Ruhe lag
    Ihr Mann, als sie geschlichen
Hinkam ins stille Schlafgemach;
    Mit eifersücht'gen Stichen
Drang sich die Vipper in sein Herz,
Auf seine Stirne goß der Schmerz
    Nun eimergrosse Tropfen.

Xantippe schlich sich wieder fort,
    Und Jupiter erwachte
Mit einer Seele, schwarz wie Mord,
    Ein jeder Seufzer krachte
Kanonendonnernd aus der Brust,
Im Himmel fand er keine Lust,
    Er stieg in's Meer herunter.

Sein

Sein Bruder fuhr so eben auch
  Spatzieren auf der Fläche,
Und kalkulirt in seinen Bauch
  Die Seen, Ström, und Bäche,
Ihm nahte sich der Donnerer,
Komm Bruder setz dich zu mir her,
  Und laß dir was erzählen!

So sprach der Alte, strich den Bart,
  Und räusperte sich heftig
Nach der Herrn Redner Kanzelart,
  Und rüstete geschäftig
Sich zu dem Wintermärchen her:
Denk lieber Bruder sagte er,
  Heut hatt' ich eine Brautnacht.

Du eselgrauer Bräutigam!
  Sprach Jupiter, wie kamest
Denn du mit deiner Braut zusamm? —
  Nur einer spricht, du nahmest
Das Wort zu früh, mein Brüderchen!
Laß mich nur reden, wunderschön
  Kam ich zum schönsten Mädchen:

Als Herkules nach Creta fuhr
  Kam sie in meine Kammer,
Und bath mich sehr, ich möchte nur
  Mit meinen Schlegelhammer
Nicht schlagen auf der Fluthen Kopf,
Frau Juno möchte nur den Tropf
  Mit einem Spuck kuranzen.

Da

Da gab sie mir dann einen Schmatz,
  Versprach, bey mir zu schlafen,
Gleich, sagt' ich: Ja! mein lieber Schatz!
  Du darfst mit mir nur schaffen,
Doch filzte ich gar jämmerlich
Dein Weib her, welches dich, und mich
  Gern kujoniren möchte.

Und schliefst bey ihr? — sprach Jupiter, —
  O ja, das läßt sich denken! —
Daß dich der Teufel, alter Bär,
  Gleich wollt' ich dich ertränken,
Das Mädchen ha! war meine Frau,
Mein Merkur kannte sie genau,
  Sah die Metamorphose! —

Potz Himmel tausend Element!
  Erwiederte der Alte,
Da hab ich mir das Maul verbrennt,
  Daß ich darüber schalte!
Du schändetest mein point honeur!
Du Schlingel! brüllte Jupiter,
  Und griff ihm an die Gurgel.

Ha Bruder hin, und Bruder her,
  Sprach Neptun, nimm's nicht übel,
Und goß dem Bruder Jupiter
  Manch tücht'gen Wasserkübel,
Wie Kräuterweiber, ins Gesicht,
Und rief, du Schurke, greife nicht
  So grob mir an die Gurgel!

Der

Der Teufel holl dein Weib, und dich,
Was fräg ich nach der Metze,
Warum verstellt das Luder sich? —
Nun gieng die Götterhetze
Hurah Hurah gewaltig an,
Und Jupiter stieg aus dem Kahn,
Um in der Luft zu fechten.

Er schlug mit Donnerkeulen drein,
Neptun mit Wasserstiefeln,
Und brüllend scholl das Zeterschreyen:
Wart nur, ich will dich zwifeln!
Erweckt kam Aeolus daher
Mit seiner Sturmpatroll, am Meer
Dem Aufruhr abzuretten.

Der Donner schlug die backichten
Windbeuteln auf die Köpfe,
Und sengte mit dreyzackichten
Flammkeulen ihre Schöpfe,
Da brüllten, heulten, fluchten sie,
Und thürmten Wogen auf, als wie
Zehn Altlas aufeinander.

Frau Juno sah von obenher
Die komische Bataille,
Und die Rebellion im Meer,
Das Licht der Donnerkeule
Beleichtete den Tummelplatz
Der aufgebrachten Götterhatz,
Sie sah — und lacht in's Fäustchen.

Jn=

Indessen gieng's dem Herkules
  Auf seinem Schiff erbärmlich,
Sechs hundert tausend Rippenstöß
  Belagerten es förmlich,
Bald sengten Sterne seinen Schopf
Bald wusch der Styr den grossen Kopf,
  Bald flog er in der Mitte.

Auf das Verloben hielt er nichts,
  Was half ihn das Besinnen?
Er dachte ruhig, bricht's, so bricht's,
  Es giebt noch Kellnerinnen,
Worauf man weiter schwimmen kann,
Was geht mich all das Poltern an?
  Ich kann es doch nicht ändern.

Nun kracht der Teufel unter ihm,
  Der Boden gieng in Trümmer,
Da schrie er gräulich ungestüm:
  Braucht keine einen Schwimmer? —
Leviathan kam wieder her,
Den braven Ritter übers Meer
  Zu tragen nach Mizene.

Ey dacht' er, man muß in der Noth
  Es so genau nicht nehmen,
Verflucht sey Meer, und Panquerot
  Der Teufel soll mich klemmen,
Wenn ich in meinem Leben mehr
Am Wasser fahre, denn das Meer
  Steckt voll Spitzbübereyen!

Er

Er setzte dem Leviathan
 Sich thurmfest auf den Rücken,
Und flog dahin Bergab, Bergan;
 In wenig Augenblicken
Sah er schon Land, und fuhr drauf zu,
Und stieg in ganz bequemer Ruh
 Zu Argos an das Ufer.

Er gieng, und hörte meilenweit
 Im Lande noch die Fluten:
Bewahr' mich Gott vor Nymphenfreud,
 Und Neptuns Meerredouten!
Die Kellnerinnen sind zwar schön,
Doch kömmt ihr Umgang hoch zu stehn,
 Die Zechen sind zu sauer!

Es scheint als ob man bloß auf mich
 Den Zahn geschärfet hätte!
Die Elemente zanken sich,
 So oft mich die Trompete
Des Ruhms zu einer Fehde ruft,
Sieht man mich nur in freyer Luft,
 So rausen Ungewitter.

Zu Land und Meere macht man sich
 Auf meine Kosten munter,
Quadrillet, und trischacket mich,
 Und blitzt, und spritzt herunter,
Als wär ich Wolkentafelnarr,
Das ist doch toll, ich kann fürwahr
 Dem Schabernack entbehren.

 K   Mein

Mein Vater, der Amphitruo —
        Den Hals möcht' ich ihm brechen
Dem alten Stockfisch! der mich so
        Verdammt, daß ich die Zechen
Als Sklav des Euristheus
Für Fremde Fürsten zahlen muß,
        Wenn einer sich verstolpert.

Was geh'n mich fremde Fürsten an
        Mit ihren Ebentheuern?
Halt' jeder selbst sich einen Mann
        Zum Kampf mit Ungeheuern!
Da soll ich nun bald her, bald hin,
Oft weis ich selbst nicht, wo ich bin
        Man möchte rasend werden.

So murrte unser Held, und kam
        Im Murren immer weiter,
Bis er den Glockenton vernahm
        Der heil'gen Blitzableiter,
Doch sah er auf der Residenz
Viel neue blanke Rosenkränz
        Statt Wetterfähnlein flimmern.

Ha noch ist keine Theuerung
        Im Land an Hasenfüßen!
Schon wieder eine Neuerung,
        Das ängstige Gewissen
Zu stillen mit dem Rosenkranz!
Der Aberglaube ist doch ganz
        Ein dichterisches Wesen!

                              Nun

Nun trat er in die Residenz
   Des Fürsten zu Mizene,
Und bath um schnelle Audienz.
   Ob man sie haben könne,
Weiß jeder Leser, der einmal
Im Antichamber, oder Saal
   Wartplattern sich gestanden.

Die ganze Welt war überschwärzt
   Vom Hahnenstreit der Götter,
Euristheus lag beherzt
   Im Keller, um das Wetter
Mit seinen Strahlen nicht zu se'hn,
Alzides mußt im Vorsaal steh'n,
   Bis aller Lärm verstummte.

Nun kam der Fürst erblaßt herauf:
   Wie steht es mit dem Stiere? —
Todt ist er, sprach Alzides drauf,
   Itzt dürstet mich nach Biere! —
Für Sklaven ist das Wasser gut
Erwiederte der Fürst mit Wuth,
   Und gieng ins Kabinetchen.

Für Sklaven? Donnerte Alzid,
   Daß dich das Wetter schlüge!
Ha! wie das kleine Fürstlein glüht,
   Und summt, wie eine Fliege!
Du ausgeflickter Fliegenfürst!
So lang ich Herkul heiße, wirst
   Du an dem Sklaven kauen!

So murrte er, und fluchte fort,
    Und gieng hinaus zur Haide,
Und ruhte aus an einem Ort,
    Wo die Natur dem Neide
Der Kunst mit ihrem Schöpferstab
Romantisch große Nahrung gab
    Für ihren Vielfraßmagen.

Hier setzt' er sich auf einen Stein,
    Gedanken, groß, wie Felsen,
Sich in der Einsamkeit zu weih'n,
    Da flog aus den Erzelsen
Des Himmels Ziprie herab,
Mit ihr der pfeilgeübte Knab
    Kupido mit dem Fallbund.

Die leidige Erobrungssucht
    Trieb dieses Paar herunter,
Ein Weib läßt doch nichts unversucht,
    Und pfuscht in allen Plunder.
Was die Gefahr nicht brechen kann
Wagt Ziprie, und ihr Galan
    Im Spaß zu strohhalmiren.

Sie kam als eine Gouvernant
    Mit kuppelnder Geberde
Den kleinen Amor an der Hand
    Herunter auf die Erde,
Und ließ sich nieder in den Hain,
Wo unser Herkules allein
    Am Steine saß, und dachte.

                      Kaum

Kaum stand sie da, so theilte sich
 Die Aussicht in zwo Klassen,
Und wies den Helden wunderlich,
 Zwo differente Straßen,
Die runzelvolle Gouvernant
Ergriff nun zärtlich seine Hand
 Und streichelte die Knochen.

Links schien die Sonne königlich
 In wonnevollen Segen,
Rechts aber furchten Wolken sich
 In Sturm, Blitz, Knall und Regen,
Links blühten Blümmchen an den Pfad,
 Und rechts droht' eine Dornersaat,
 Die Sohle aufzuhecken.

Zur Linken lachte holder May,
 Und frohe Lerchen schwirrten,
Zur Rechten lag Einsiedeley,
 Wo Stürme disputirten,
Dort plätscherte ein Wasserfall,
Hier raisonirt der Donnerknall
 Mit einem tollen Waldstrom.

Dort wiegte sich der Perlenthau
 Am Gras, wie Freudenthränen,
Und hier erstarrt die Erde rauh,
 Und heisch von Jammertönen,
Dort sank der Blick in's Veilchenthal,
Hier polterte der Sturmchoral
 Bergan auf lauter Felsen.

Dort

Dort tönte Nachtigallensang
　　In süßen Melodien,
Hier raunte trüber Eulenklang,
　　Und Füchs' und Wölfe schrien,
Dort fächelte die Mayenluft,
Hier heulte in der Felsenkluft
　　Der Windsbraut lange Klage.

Sieh, sprach die alte Gouvernant,
　　Mein allerliebster Vetter!
Die Gegend hier zur rechten Hand
　　Hat nichts als Donnerwetter,
Und scharfe Dörner für den Mann,
Der sie beklettern will, doch kann
　　Er nichts dabey gewinnen.

Viel tausend kletterten schon hin,
　　Es ist der Berg des Muthes,
Du keuchest schwer, besteigst du ihn,
　　Und ärndtest doch nichts Gutes,
Als höchstens einen gnäd'gen Blick,
Und ein poetisches Gestick
　　Von Penegyrisirern.

Da oben soll's so herrlich seyn,
　　Als wie im Paradiese,
Wie manches junge Dichterlein
　　Streicht auf sein Brod das Süße,
Das droben in den Gipfel steckt,
Doch seiner Phantasie schmeckt,
　　Was andre bitter finden.

　　　　　　　　　　　Am

Am Gipfel gähnet eine Kluft
　　　Den Pilgrim zu verschlingen,
Sein Nam', und er fällt in die Gruft,
　　　Und fällt er nicht, so bringen
Barmherz'ge Krücken ihn zurück,
Mit der Erlaubniß, sich ein Stück
　　　Verschimmelt' Brod zu betteln.

Das ist des Heldenmuthes Lohn,
　　　Der Lohn des Patrioten,
O zaudre nicht, du Göttersohn!
　　　Des kranken Lohns zu spotten! —
Du alte Vettel lüg nicht so,
Mein Vater ist Amphitruo
　　　Der Krämer, sprach Alzides. —

Amphitruo war auf der See
　　　Bey deiner Fabrizirung,
Da spielte Zevs die komische
　　　Amphitruonisirung,
Er metamorp'ösirte sich
In deinem Vater, zeugte dich
　　　Heil sey dem Göttersohne!

Er hatte, als er dich gemacht,
　　　So vielen Reiz gefunden,
Daß er die süße Zeugungsnacht
　　　Um sechs und dreyßig Stunden
Verlängerte, dich drückt der Groll
Der Juno, welche Hörnertoll
　　　Mit Wettern dich bestürmet.

　　　　　　　　　　Nun

Nun stelle dir den Spaß doch vor,
    Als Zevs mit deiner Mutter
Sich amüsirte, stand am Thor
    Merkur, da peitschten Ruder
Lautschäumend das beladne Meer,
Amphitruo schwam selbst daher
    Mit Reichthum schwer befrachtet.

Als Ladendiener stand er da,
    Und glich ihm veritabel,
Der Diener kam voraus, und sah
    Den Trug, ward miserabel
Gehudelt von Merkurius,
Bis beyde Narren zum Beschluß
    Sich in die Haare fielen.

Nun kam auch Herr Amphitruo
    Dem Kampfe abzuretten,
Und sah den Donnrer eben so,
    Masquirt in's Mittel treten,
Er stand betäubt, und wundert' sich,
Und zweifelte an seinem Ich,
    Und seinem ganzen Daseyn.

Ich sprach er, bin Amphitruo, —
    Und ich dein Ladendiener,
Sprach Merkur, — nein es ist nicht so,
    Ich bin es, sprach der Wiener, —
Es wird sich weisen wer es ist,
Erwiederte Merkur, du bist
    Ein rechter Galgenschwengel!

Maul=

Maulschellen hin, Maulschellen her,
 Patsch wächselten die Schläge,
Du Schlingel, brüllte Jupiter,
 Du gehst mir in's Gehege!
Dein Vater stieß ihn zornig weg,
Er aber warf ihn in den Dreck,
 Und Merkur that desgleichen.

Nun flogen sie, leicht, wie der Witz,
 Unsichtbar durch die Lüfte,
Und jeder ritt auf einen Blitz
 Zurück, der klagt die Hüfte,
Und wälzt sich heulend in den Mist,
Dein Vater als ein frommer Christ
 Verlobte sich nach Oetting.

Er hinkt' in's Haus, beschlief sein Weib,
 Du aber warst schon fertig,
Und nun war deiner Muter Leib
 Der zweyten Frucht gewärtig,
Das Kindlein wurde Iphiklus
Getauft, und der Tonitruus
 Ließ Herkules dich nennen.

Was du mir sagst! verfuhr der Held,
 Ich ein Product der Götter
Soll in der miserablen Welt
 Beym Regen, Sturm, und Wetter
Auf nichts, als Ebentheuer gehn?
Das ist zum letztenmal geschehn,
 So wahr ich Herkul heiße!

O sieh nur, sprach die Gouvernant
　　In jene Wonngefielde,
In jenes süße Blumenland
　　Gformt nach Edens Bilde,
Und wisse, diese reizende
Duftstrasse führt zur Omphale
　　Der schönsten aller Wittwen.

Sie ist die Lieder Königinn
　　So schlank, wie eine Rebe,
Ihr Reiz — so wahr ich Jungfrau bin —
　　Beschämt den Reiz der Hebe,
Und o ihr langes, blondes Haar! —
Geh hin, mein Vetter! sey kein Narr,
　　Siehst g'nug um einen Kreuzer. —

Doch a propos, erwiederte
　　Der Held, sag mir, ist immer
Der Weg so schön? Giebt's keine See? —
　　Auf Fischen reit' ich nimmer! —
Der Weg ist durchaus himmelschön,
Doch kannst du auch, willst du nicht geh'n,
　　Gemach hinüber reiten! —

Auf was? Auf einem Speltenzaun? —
　　Nicht doch, auf meinem Knaben;
Ein schnellers Pferdchen wird wohl, traum!
　　Kein Mensch auf Erden haben,
Sitz' auf, mein Vetter! glaube mir,
Denn sieh, ich reite selbst mit dir,
　　Der Knabe trägt oft schwerer.

　　　　　　　　　　　　Sie

Sie setzten sich, und hop hop hop
  Schnell wie auf einem Winde
Gieng's fort im sausenden Gallop
  Auf diesem Zauberkinde.
Ey, dacht' er, so ein Steckenpferd
Ist doch wohl eines Reiters werth,
  Es führt zum neuen Ritter.

Wie flog die ganze Blumenwelt
  Vorbey vor ihren Blicken,
Wie schwamm der nie besiegte Held
  Im siegenden Entzücken,
Wie wehte ihm die Mayenluft
Den delikaten Rosenduft
  In seine grosse Nase!

Kaum waren sie in Libien,
  So metamorphosirte
Frau Ziprie sich wunderschön
  Zur Kammerfrau, und führte
Alziden an dem Narrenseil,
Daß ihm die Ellen lange Weil
  Wartplattern aufgezogen.

Da kam ein leichter Kämmerling
  In Seide hergeflogen:
Sag mir, du kleines Mittelding
  Von Satyrn, und Eglogen!
Was treibt denn die Frau Königinn,
Daß sie mich warten läßt? ich bin
  Ein Sohn vom Gott der Götttr.

Giebt

Giebt sie nicht bald mir Audienz,
    So pack ich sie im Garten,
Ich pfeif' mit aller Reverenz
    In das fatale Warten! —
Sonst bringe ich's beym Jupiter
Mit einem Wort so weit, daß er
    Die Modenpest in's Land schickt.

Der Höfling flog, die Gouvernant
    Als Kammerfrau frisiret
Nahm unsern Helden bey der Hand,
    Der kleine Amor schieret
In diesem göttergleichen Mann
Das Feuer einer Sehnsucht an,
    Das ihn noch nie erhitzte.

Er ward von seiner Mentorin
    Zur Audienz geführet,
Wo die berühmte Königin
    Im Nachtkleid unfrisiret
En Negligée im Sopha saß,
Und ihn von unt= bis oben maß
    Mit einem langen Blicke.

Sie hielt viel auf Proportion,
    Und macht Aequationen,
Und Silogismen, welche von
    Natur im Kopfe wohnen,
Den Weibern (grübelt nicht darum)
Ist das Verhältniß=Studium
    So gut, wie augebohren.

Der kleine Amor spannte schon
　　Mit schelmenhaften Blicke
Den Bogen, im Gedanken Thron
　　Verhältnisse von Dicke,
Und Länge aufzuwecken, daß
Sie statt dem Fensterscheiben Glas
　　Die Hosenknöpfe zählte.

Das Quis? Quid? Ubi? wechselte
　　In Reden, und in Blicken,
Alzidens Busen polterte
　　Von mächtigen Entzücken,
Das Quando? Cur? und Quomodo?
Begann nun endlich auch nicht so
　　Veräthselt mehr zu bleiben.

Er setzte sich an's Sopha hin,
　　Und seufzte, herzte, küßte,
Und spielte mit der Königin —
　　Ja wenn ich alles wüßte!
Bey solchen Spielen sind nur zwey,
Auf Ehre! ich war nicht dabey —
　　Hier mach ich eine Lücke.

Wie diese ganze Nacht verschwand,
　　Das kann ich auch nicht wissen,
Ob die Proportion sich fand,
　　Das mögen solche schließen,
Die von der Mathematik schon
Nach leiblicher Proportion
　　Mehr Kenntnisse gesammelt.

Genug

Genug, kaum brach der Morgen an
    So war mein guter Ritter
Schon ganz ein andrer — andrer Mann,
    Kurzum, er war ein Zwitter
Von Zwieback, und von Marzipan,
Was so die Männer kochen kann,
    Das bleibe mir ein Räthsel.

Doch diese Männerkocherey
    Ist ja bey uns alltäglich,
Der Luxus, und die Schwelgerey
    Sind aber unerträglich,
Wenn Kinder schrein: Dieß Geld wird Brod!
So reißt ein Kleid nach neu'ster Mod
    Das Kinderherz in Trümmer.

Oft hängt ein halbes Fürstenthum
    An einem hagern Weibe,
Und Thränen fluchen drauf herum,
    Doch ist ihr Herz die Scheibe,
Wo jeder Fluch in Trümmer bricht,
Sie achtet Gram, und Thränen nicht;
    Und lächelt nach dem Golde.

Ein Weib ist ein Kompositum
    Von aller Art der Thiere,
Erlaubt, daß ich die Arche drum
    Ein bischen durchpaßire;
Zerkratzet werde dieß Gedicht,
Bewahret Gott nur mein Gesicht
    Vor allen Weibernägeln.

Dem

Dem hohen Stolz hat sie vom Pfau,
   Die Galle von Hiänen,
Die Epikurik von der Sau,
   Vom Krokodill die Thränen,
Vom Wiesel ihren Seuchenpfiff,
Vom Fuchse den verdrehten Kniff,
   Den Starrkopf von dem Büffel.

Vom Tyger ihre Grausamkeit,
   Die Geilheit von der Ziege,
Von Brämsen die Aufsäßigkeit,
   Von Schlangen die Betrüge,
Die Unverschämtheit von dem Hund,
Den Uebermuth von Füllen, und
   Den Hunger von dem Wolfe,

Die Seitensprünge von dem Floh,
   Das Gift von siecher Krötte,
Und die Intriquen-Feinheit so,
   Wie dünnes Spingeräthe,
Von Ygeln Unersättlichkeit,
Vom Schmetterling Leichtfertigkeit,
   Die Krallen von der Katze,

Vom Schneck die Hornmanufaktur,
   Vom Basilisk die Blicke;
Wie sie, so stinken Wanzen nur,
   Ihr Witz sticht wie die Mücke,
Will schweigen, was der Biberzahn,
Und Wespenstachel alles kann,
   Und dann — der Schabenluxus.

Vor

Vor diesem Bilde that ich schon
    Verzicht auf alle Nägeln,
Und nun auf allen Schimpf, und Hohn,
    Auf Schüßel, Lug, und Degeln,
Ich sprach die Wahrheit — und bin stumm;
Ein Weib ist ein Kompositum,
    Quod erat demonstrandum.

Der Schlangen in der Wiege zwang,
    Der Löwenkraft zerknickte,
Mit einer Hyder siegend rang,
    Und Mänals Hirsen druckte,
Denn kein Zentauer, und kein Schwein,
Kein Ochsenstall bezwang, und kein
    Kretenser Stier aus Holland.

Der zieht in Amors grosser Schanz
    Am Delinquenten Karren,
Verplembert, und verguckt sich ganz
    Und sinkt herab zum Narren,
Das grosse Heldenideal
Berauscht sich in dem Lustpokal,
    Und nascht Bonbons mit Amorn.

Ein äugelnder Koquettenblick,
    Ein weißer Arm, und Busen,
Ein mürbes rundes Frauenstück
    Entnervt den Mann, o Musen!
Weint euer ganzes Hemdchen naß,
Nehmt Knoblauch, Senf, und Zwiefeln, daß
    Parnaß in Thränen schwimme!

Seht

Seht nur zurück auf's Titelblatt,
　　Ihr werdet Wunder sehen,
Nein, der Ruin der größten Stadt
　　Kann nicht so schrecklich stehen,
Ein Held — die Spindel in der Hand
Dreht durch und durch vermarzipant
　　Den Kreusel eines Mädchens.

Wie eine Wespe in dem Kleid
　　Des größten Titans stecket,
So steckt das Weib in Tapferkeit
　　Von Herkul's Haut bedecket,
Die schwere Eisenkeule muß
Frau Venus mit dem Trutenfuß
　　Halmleicht gezaubert haben.

Seht hinter ihm den Zofenspott,
　　Den Hohn der Mädchenschaaren,
Er scheint zu sagen: Seht ein Gott!
　　Ein Gott ward hier zum Narren.
Ein Blick von seiner Königinn —
Und alle Mannheit war dahin,
　　Er folgte wie ein Schulknab.

Auch hatten Seiner Majestät
　　Sehr viel zu komandiren,
Sie litt ihm keinen Bart im Bett —
　　Alzid ließ sich rasiren.
Ein Wink — und er war auch frisirt,
Ein Strohhut rosenfarb garnirt
　　Beschimpfte seinen Scheitel.

L　　　　　　Ihn

Ihn kleidete ein Stutzerfrack
    Mit grünen Ueberschlägen,
In seiner gelben Scheide stack
    Ein schmaler blanker Degen,
Der rothe Absatz an dem Schuh,
Die flöhefarbne Strümpf dazu
    Ließ in der That recht artig,

Schönpfläfterchen im Angesicht,
    Und roth = und weiße Lüge
Verhunzten ihn, wie ein Gedicht;
    Aus einem Garn der Fliege
(Filet vom Volke sonst genannt)
Macht eine kluge Mädchenhand
    Ihm leichte Sommerhosen;

Haarbeuteln trug der arme Tropf
    In Hochzeittafelgröß
Au seinem weißgestäubten Schopf,
    Und sprach mit der Maitresse
Im flüsternden Franzosen Ton
So, daß er selbsten kaum davon
    Das zehnte Wort verstanden.

So modengeckisch aufgeputzt,
    Beschmiert mit Nardendürften,
Und hint, und vornen abgestutzt
    Wär Rabener, und Schwiften
Der Braten ganz nach Appetit,
Die Heldenpuppe Glied für Glied
    Mit Stacheln zu torquiren.

So führte er Frau Omphale,
  Ach daß sich Gott erbarme!
Süßfaselnd durch die Hofallee
  An dem entweihten Arme,
Und sie, so schlank, als wie ein Wurm
Mit einem ganzen Lockenthurm
  Am Kopf' gleich einer Docke.

Ihr Schlender wölbt wie Segeltuch
  Sich hinter ihr in Lüften,
Und hint, und vorn fährt Wohlgeruch
  Aus ihres Haares Düften,
Die Wangen zolldick angeschmiert,
Der Busen fest heraufgeschnürt,
  Und der Prospect ganz gratis.

Und ein Chi de Paris, so dick,
  Als wie mein größtes Küßen;
Seht nur, wie sie dem Mißgeschick
  Gleich abzuhelfen wissen,
Die Mode wäre leidentlich,
Wenn unsre Frauenzimmer sich
  Auch andre Köpfe machten.

Kaum kamen sie zur Burg zurück
  Von ihrer Promenade,
So mußte gleich den Augenblick
  Der Schneider ohne Gnade
Auf seiner Majestät Befehl
Aus dem Nemäer-Löwenfell
  Zween Unterröcke machen.

In Amor's Rauchfang dorrte schon
    Alzidens Muth zusammen,
Der Waden litt Reduktion,
    Und seine Kräfte schwammen
Im Meer der Liebe leck daher
Sein Blick ward immer schmächtiger,
    Er that, was man nur schaffte.

In der Mizener Sklaverey
    War er ein Fürst dagegen,
Er gieng auf Fehden frank, und frey,
    Nun war auf seinen Wegen
Ein mächtiges Konvoy dabey
Er dachte, daß es rühmlich sey,
    Die Freyheit zu vermissen.

Sein Denken war nur Omphale,
    Nur Omphale sein Sprechen,
Er schluchzte, und empfindelte,
    Als hätt' er Seitenstechen,
Tief stack im innersten Geheg
Des Herzens Amor, wie der Speck
    In einem guten Knödel.

O Amor, loser Bube du!
    Du steckst doch voll von Ränken,
Und pfeilest auf die Herzen zu,
    Die sich nicht willig schenken,
Und wenn dein Pfeil in's Innre trifft,
Der stirbt lebendig von dem Gift,
    Und dorret aus, wie Disteln:

                              Du

Du kleiner Spitzbub ärgerst mich
    Mit deinen Bolzenschießen!
Und dieser Aerger zwinget mich,
    Den ersten Band zu schließen,
Alzides! schlafe königlich
Im zweyten Bande will ich dich
    Verdammt dafür kuranzen.

www.ingramcontent.com/pod-product-compliance
Lightning Source LLC
Chambersburg PA
CBHW031448160426
43195CB00010BB/909